Dynamique de la création de connaissances

Yuko Harayama, Alexander Mack &
Milad Zarin-Nejadan

Dynamique de la création de connaissances

Microsystèmes en Suisse romande

PETER LANG
Bern · Berlin · Bruxelles · Frankfurt am Main · New York · Oxford · Wien

Information bibliographique publiée par «Die Deutsche Bibliothek»
«Die Deutsche Bibliothek» répertorie cette publication dans la «Deutsche Nationalbibliografie»; les données bibliographiques détaillées sont disponibles sur Internet sous ‹http://dnb.ddb.de›.

Recherche financée par le Fonds National Suisse de la Recherche Scientifique (subside no. 1214-63753.00).

ISBN 3-03910-369-5

Hochfeldstrasse 32, Postfach 746, CH-3000 Berne 9
info@peterlang.com, www.peterlang.com, www.peterlang.net

Imprimé en Allemagne

Table des matières

Avant-propos

Cet ouvrage est le fruit de nombreuses rencontres qui ont toutes contribué à son aboutissement. Même s'il existe déjà plusieurs ouvrages qui ont pour objet les microtechniques, la présente étude a comme particularité de se focaliser sur une approche qualitative basée sur des entretiens avec des acteurs clés dans le domaine des microsystèmes en Suisse romande. Ainsi l'étude a donné l'occasion à un certain nombre d'acteurs concernés de s'exprimer à haute voix sur un monde bien particulier qui est celui des microsystèmes.

Nous tenons ici à remercier toutes les personnes, les centres de recherche et de formation, les associations et les entreprises qui ont collaboré d'une manière ou d'une autre à cette recherche et dont le concours a été indispensable pour mener à terme toutes les étapes de cette étude. Nous exprimons toute notre gratitude, pour leur active participation lors des entretiens, à M. X. Arreguit, Ph.D., Centre suisse d'électronique et de microtechnique (CSEM); MM. le Dr S. Jaccard et les professeurs H. Keppner et G. Frosio, Ecole d'ingénieurs du canton de Neuchâtel (EICN), devenue entre-temps l'Ecole d'ingénieurs de l'Arc jurassien (EIAJ); MM. le Dr M. Ecabert et P. Fischer, Ing. Dipl., Fondation suisse pour la recherche en microtechnique (FSRM); M. M. Boillat, Seyonic SA; M. F. Rudolf, Ph.D., Colibrys SA; MM. les professeurs P. Renaud et H. Bleuler, Ecole polytechnique fédérale de Lausanne (EPFL); M. le Dr B. Butz, Fonds national suisse de la recherche scientifique (FNS); M. le Professeur N. de Rooij, Institut de microtechnique (IMT) de l'Université de Neuchâtel, ainsi que M. J.-P. Bardyn, Xemics SA. Nous remercions également le Fonds national suisse de la recherche scientifique pour son soutien financier, sans lequel le projet n'aurait pas pu être réalisé.

Last but not least, nous tenons à exprimer notre vive reconnaissance à Mme Johanne Lebel Calame qui a effectué la relecture des textes, ainsi qu'à Mme Kira Facchinetti, secrétaire du Groupe d'économie politique de l'Université de Neuchâtel, qui s'est brillamment acquitté des tâches liées à l'édition.

Liste des abbréviations

ACF	Arrêté du Conseil fédéral
ASE	Agence spatiale européenne
ASIC	Application-Specific Integrated Circuits
ASMT	Association suisse de microtechnique
ASRH	Association suisse pour la recherche horlogère
BENEFRI	Réseau des Universités de Berne, Neuchâtel et Fribourg
CAFI	Centre d'analyse par faisceau ionique
CAO	Conception assistée par ordinateur
Cast	Centre d'appui scientifique et technologique (EPFL)
CC	Centre de compétence
CCAI	Centre de compétence en automatisation industrielle et productique
CCD	Charge-Coupled Device
CCSI	Centre de compétence en systèmes intégrés
CCTDH	Centre de compétence en technologie et design horloger
CEA	Commissariat à l'énergie atomique (France)
CEH	Centre électronique horloger
CEPF	Conseil des écoles polytechniques fédérales
CERN	Organisation européenne pour la recherche nucléaire
CEST	Centre d'étude de la science et de la technologie
CETHEOR	Centre technique de l'industrie horlogère de Besançon
CETT	Centre d'études et de transferts technologiques (EIVD)
CIME	Centre interdépartemental de microscopie électronique (EPFL)
CMI	Centre EPFL de microtechnologie
ComLab	Common Facilities for Micro- and Nanotechnology (CSEM et UniNE)
COST	Initiative sur la coopération scientifique et technologique

CRAFT	Cooperative Research Action For Technology
CRI	Centre relais innovation
CRUS	Conférence des recteurs des universités suisses
CSEM	Centre suisse d'électronique et de microtechnique
CSST	Conseil suisse de la science et de la technologie
CTI	Commission pour la technologie et l'innovation
CUS	Conférence universitaire suisse
DFE	Département fédéral de l'économie
DFI	Département fédéral de l'intérieur
DG	Direction générale (Commission européenne)
DH	Design House
DMT	Département de microtechnique (EPFL)
ECTS	European Credit Transfer System
EER	Espace Européen de la Recherche
EFTF	European Frequency and Time Forum
EICN	Ecole d'ingénieurs du canton de Neuchâtel
EISI	Ecole d'ingénieurs de Saint-Imier
EIVD	Ecole d'ingénieurs du canton de Vaud
EMPA	Laboratoire fédéral d'essai des matériaux et recherche
EMS	Electro-Mechanical Systems
EPF	Ecole polytechnique fédérale
EPFL	Ecole polytechnique fédérale de Lausanne
EPFZ	Ecole polytechnique fédérale de Zurich
ESA-TTN	European Space Agency-Technology Transfer Network
ESPRIT	European Strategic Program for Research and Development of Information Technology
ESRF	Installation européenne de rayonnement synchrotron
ETS	Ecole technique supérieure
EUREKA	European Research and Coordination Agency
EUROPRACTICE	Promoting Access to Microelectronics Technologies (ESPRIT)
EURIMUS	European Initiative for Microsystems Uses (EUREKA)
FNP	Institut fédéral de recherche sur la forêt, la neige et le paysage

FNS	Fonds national suisse de la recherche scientifique
FRT	Formation, recherche et technologie
FSRM	Fondation suisse pour la recherche en microtechnique
FUSE	First Users (ESPRIT)
GSR	Groupement de la science et de la recherche
HES	Haute école spécialisée
HES-SO	Haute école spécialisée de Suisse occidentale
IFAEPE	Institut fédéral pour l'aménagement, l'épuration et la protection des eaux
IFIAS	International Federation of Institutes for Advanced Study
ILL	Institut Laue-Langevin
IMEGO	Institute of Microelectronics in Gothenburg (Suède)
IMS (2)	Institut de microsystèmes (DMT); Intelligent Manufacturing Systems
IMT	Institut de microtechnique (Université de Neuchâtel)
INTERREG	Coopération transfrontalière, transnationale et interrégionale (initiative communautaire)
IPO	Initial Public Offering
IPS	Institut Paul Scherrer
IRST	Istituto ricerca settore terziario (Italie)
ISR	Institut de systèmes robotiques (EPFL)
IST	Innovation Society Technologies
JET	Joint European Torus
LAU	Loi sur l'aide aux universités
LESIT	Electronique de puissance, technologie des systèmes informatiques
Léti	Laboratoire d'électronique, de technologie et d'instrumentation (France)
LFEM	Laboratoire fédéral d'essai des matériaux et de recherche
LFPr	Loi sur la formation professionnelle
LHES	Loi sur les hautes écoles spécialisées
LMT	Laboratoire commun de microtechnique (EPFL et UniNE)
LR	Loi sur la recherche

LRH	Laboratoire de recherches horlogères
LSRH	Laboratoire suisse de recherches horlogères
MC	Manufacturing Cluster
MCM	Multi-Chip Module
MEMS	Micro Electro-Mechanical System
MICROSWISS	Programme d'action micro-électronique Suisse
MINANET	Micro- Nanotechnology Network
MINAST	Technologie des microsystèmes et nanosystèmes (PP)
MOEMS	Micro Optical Electro-Mechanical Systems
MST	Technologie des microsystèmes
NANO 21	Le nanomètre dans la science et la technologie du 21e siècle (TOP NANO 21)
NASA	National Aeronautics and Space Administration
NCCR	National Centres of Competence in Research
NCP	National Contact Points (Points de contact nationaux)
NEXUS	Network of Excellence in Multifunctional Microsystems
NSI	National Systems of Innovation (Système national d'innovation)
OCDE	Organisation de coopération et de développement économiques
OCR	Optical Character Recognition
OFES	Office fédéral de l'éducation et de la science
OFFT	Office fédéral de la formation professionnelle et de la technologie
OFQC	Office fédéral des questions conjoncturelles
OFS	Office fédéral de la statistique
PCRD (PCRDT)	Programme-cadre de recherche, de développement technologique et de démonstration
PI	Propriété intellectuelle
PME	Petites et moyennes entreprises
PMI	Petites et moyennes industries
PNR	Programme national de recherche
PP	Programme prioritaire
PRN	Pôle de recherche national
R&D	Recherche et développement

Ra&D	Recherche appliquée et développement
REMOSENS	Low Power Wireless Remote Sensing Microsystems
SAMLAB	Sensors, actuators and microsystems laboratory (IMT)
SILATECH	Société immobilière pour un laboratoire de technologies SA
SNI-RSI	Réseau suisse d'innovation
SOC-MOS	System-on-Chip – Metal-Oxide Semiconductors
S&T	Science et technologie
TOP NANO 21	Technology-Orientated Program NANO 21
UE	Union européenne
UNESCO	Organisation des Nations Unies pour l'éducation, la science et la culture
UniNE	Université de Neuchâtel
USC	User/Supplier Club
VC	Venture Capital
VIRFORCE	Virtual Reality and Force Feedback in Microsurgery and Industrial Submicropositioning

Introduction

Avec l'émergence de la «nouvelle économie» basée sur les nouvelles technologies de l'information et de la communication (NTIC), les connaissances scientifiques et technologiques deviennent l'objet d'enjeux économiques et sociaux. Les hautes écoles sont alors appelées à se mettre au service de la société, en particulier des industries de haute technologie. Les hautes écoles sont-elles prêtes à relever ce défi? Quels sont les facteurs favorisant ou restreignant leur coopération avec l'industrie? Quel est le rôle de l'Etat dans ce processus?

La présente étude propose d'analyser, d'une manière exploratoire, l'état de la coopération entre les hautes écoles et l'industrie dans le processus de création de connaissances et son évolution dans le temps, en se focalisant sur le développement des «microsystèmes» en Suisse romande. Elle examine également l'impact des différents programmes publics de recherche, par exemple le programme prioritaire «Technologie des microsystèmes et nanosystèmes» (PP MINAST), sur la coopération entre les hautes écoles et l'industrie.

En observant comment les activités de recherche et développement (R&D) s'organisent sur le terrain dans le domaine des microsystèmes, il s'agit d'identifier les canaux formels et informels de relations existant entre les hautes écoles en Suisse romande et l'industrie des microsystèmes. De plus, il convient d'examiner si ces relations, pour autant qu'elles existent, sont profitables pour les deux parties ou seulement pour l'une d'elles. Il y a lieu également de déterminer les facteurs favorisant la création de synergies entre les différents acteurs engagés dans ce domaine de recherche de même que les freins éventuels à la coopération. Le rôle de l'Etat dans ce processus d'innovation technologique est également examiné. Par exemple, il s'agit de savoir si le programme prioritaire MINAST a contribué à renforcer le lien entre les hautes écoles et l'industrie, et si oui, en quels termes.

Le concept de «réseaux de connaissances» *(knowledge network)* constitue l'élément central de la recherche. Vu l'importance que prennent les «connaissances» dans notre société, non seulement en tant que patrimoine humain, mais aussi et surtout en tant que moteur de développement économique et social (OCDE, 2000), il importe de connaître comment la production de connaissances est organisée et par quel processus les connaissances, une fois générées, engendrent toute une série de transformations économiques et sociales.

Pour ce faire, dans le premier chapitre, une brève introduction à trois modèles de production de connaissances est réalisée. Il s'agit d'abord du concept de système national d'innovation (SNI), qui correspond à un ensemble d'institutions dont les interactions influencent l'émergence et la diffusion de nouvelles technologies (Freeman, 1987). Puis est présenté le concept de «production en mode 2» (Gibbons *et al.*, 1994), qui souligne l'importance que revêtent la transdisciplinarité et la diversité d'organisation dans la production de connaissances. Finalement, c'est le courant de «triple hélice» (Etzkowitz et Leydesdorff, 1996) qui est examiné: celui-ci reconnaît que le processus d'innovation émerge d'interactions complexes, formelles et informelles, entre les acteurs institutionnels – l'université[1], l'industrie et le gouvernement –, et cherche à capter ces relations, en d'autres termes, les «réseaux de connaissances». En tant que modèle analytique, la triple hélice complète cette description des divers arrangements institutionnels et modèles politiques par une explication de leur dynamique. Dans la mesure où cette dynamique est contrôlée, il devient possible de préciser un programme de recherche axé sur l'innovation (Etzkowitz et Leydesdorff, 2000).

Dans le deuxième chapitre, c'est le cadre général du «paysage suisse de la recherche» qui est d'abord passé en revue. Suit une présentation du cadre légal et politique, puis du cadre institutionnel. Ce dernier présente les organes responsables des grandes orientations de la politique de la recherche en Suisse et les institutions de niveau décisionnel et financier dans ce domaine.

Le troisième chapitre se penche sur le domaine des microsystèmes en Suisse romande, en effectuant un bref survol des programmes de cours et des programmes de recherche nationaux et européens. Suivent une série d'interviews avec des chercheurs des hautes écoles en Suisse romande, des responsables de recherche des entreprises spécialisées dans les microsystèmes, du Centre suisse d'électronique et de microtechnique

1 Terme utilisé au sens large, comprenant en Suisse les universités cantonales, les Ecoles polytechniques fédérales (EPF) et les Hautes écoles spécialisées (HES).

(CSEM) et de la Fondation suisse pour la recherche en microtechnique (FSRM), ainsi que des instances fédérales. Cette partie, qui constitue le cœur de la recherche, fournit des informations sur la manière dont les personnes et les idées circulent dans le domaine des microsystèmes. A ce stade, il convient d'établir l'existence ou non des réseaux de connaissances. Ces informations vont permettre également de mesurer l'impact des programmes nationaux de recherche sur le processus de création de réseaux de connaissances.

La première partie des conclusions est constituée par une synthèse des résultats obtenus dans le domaine des «microsystèmes» en Suisse romande d'une manière générale et des résultats se rapportant aux réseaux de connaissances. Ensuite, la dernière partie concerne les relations existant entre, d'un côté, les différents acteurs actifs dans les microsystèmes et de l'autre, le CSEM et la FSRM. L'étude se termine par des remarques finales relatives aux programmes nationaux et européens et à leur influence sur la coopération entre les hautes écoles et l'industrie. Des considérations sur le développement futur dans le domaine étudié sont également évoquées.

Chapitre I

Modèles de production de connaissances

Il existe actuellement plusieurs modèles pour expliquer le processus de production de connaissances et mieux comprendre ainsi le rôle fondamental de l'innovation et notamment du progrès technologique pour la prospérité économique et la stabilité sociale du monde d'aujourd'hui. Nous trouvons parmi les récents travaux, approximativement par ordre chronologique de publication, d'abord le modèle des systèmes nationaux d'innovation (SNI) (p. ex. Freeman, 1987; Lundvall, 1988 et 1992; Nelson, 1993 et Edquist, 1997). Ce concept est apparu explicitement dans un certain nombre de contributions dans la deuxième moitié des années 1980 et reflète les avancées récentes dans la recherche en matière d'innovation. L'idée fondamentale la plus novatrice qui caractérisait les études de cette époque sur ce sujet était que l'innovation est un processus interactif dans lequel des agents et des organisations communiquent, coopèrent et établissent des relations à long terme. Même si cette approche n'était pas entièrement nouvelle, puisqu'elle était déjà exprimée implicitement dans des contributions précédentes, par exemple dans celles de Freeman, Nelson et Rosenberg, cette perspective a commencé à se généraliser et a été clairement formulée. Un autre modèle fréquemment cité qui est apparu en 1994 est le modèle du nouveau mode – Mode 2 – de production de connaissances (Gibbons *et al.*, 1994). Pour Gibbons et ses collègues, il y a suffisamment d'éléments permettant d'établir l'émergence d'un nouveau mode de production de connaissances qui concerne non seulement les formes institutionnelles qui ont engendré la connaissance mais aussi le type de savoir produit, les mécanismes de contrôle de la qualité et les systèmes de gratification correspondants. Un élément essentiel de ce nouveau mode serait la «transdisciplinarité», qui semble devenir de nos jours un modèle en soi d'explication de la production de connaissances (Thompson Klein *et al.*, 2001). On trouve ensuite le modèle de la triple hélice des relations université-industrie-gouvernement, présenté par Etzkowitz et Leydesdorff (1995, 1997 et 2000). Nous nous proposons dans cette étude d'analyser les interactions université-industrie-gouvernement dans le processus d'innovation technologique, aussi notre concept sera-t-il basé sur le modèle de la triple hélice qui permet de bien montrer comment les différents acteurs institutionnels sont en interaction et de cette façon, de faire progresser le processus de production de connaissances. Pour rendre le modèle opérationnel, nous tentons de découvrir la véritable pratique de ces interactions, au-delà des relations formelles qui existent entre ces trois institutions. Dans ce domaine, l'étude des microsystèmes présente un intérêt particulier déjà à cause de la façon dont ils ont émergé, en réunissant dans leur développement récent l'université, l'industrie et le gouvernement, mais également en raison de leurs vastes implications techniques, économiques et sociales. Notre projet étant axé sur la Suisse romande, nous pourrons identifier clairement les principaux acteurs actifs dans ce processus d'innovation technologique et suivre la pratique de ces interactions.

1. Systèmes nationaux d'innovation (SNI)

Qu'entend-on exactement par le concept de systèmes nationaux d'innovation? L'OCDE propose toute une série de définitions (OCDE, 1997, p. 10)[1] parmi lesquelles figure celle citée en exemple par Freeman, qui définit un SNI comme: «... le réseau d'institutions, dans les secteurs public et privé, dont les activités et les interactions lancent, importent, modifient et diffusent de nouvelles technologies.» (Freeman, 1987)

Une définition plus détaillée peut être trouvée dans l'ouvrage de Gu (1996) au sujet d'un cadre analytique pour les SNI:

> un système national d'innovation est un système constitué de différents acteurs, dont la plupart sont organisés, qui exercent un impact sur l'innovation technologique. Il fonctionne à travers diverses interactions qui se situent dans le contexte de l'establishment institutionnel du système et subit de manière significative l'influence de politiques nationales. Un système national d'innovation est «national» dans la mesure où il présente des spécificités nationales et sociétales que l'on peut identifier. C'est un «système» d'autant plus que nous pouvons reconnaître l'importance du soutien institutionnel pour le processus d'apprentissage et d'innovation. Le concept de «sys-

1 Pour une typologie de la connaissance, voir également les flux dans les systèmes nationaux d'innovation et leurs principaux indicateurs (p. 45).

tème national d'innovation» met donc l'accent sur 1) l'efficacité de l'apprentissage et 2) la capacité et l'efficacité de la structure institutionnelle à soutenir l'apprentissage. (Gu, 1996, p. 6)

Le concept des SNI semble susciter un intérêt croissant depuis les années 1980, ce qui est dû en partie aux tendances économiques actuelles telles qu'elles sont décrites par Nelson et Rosenberg:

> Le ralentissement de la croissance que l'on observe depuis le début des années 1970 dans l'ensemble des pays les plus industrialisés, l'émergence du Japon en tant que grande puissance économique et technologique, le déclin relatif des Etats-Unis et l'inquiétude généralisée qui se manifeste en Europe de se retrouver derrière ces deux pays ont donné lieu à une profusion d'écrits et de politiques dont l'objet est d'encourager les exploits techniques innovants des entreprises nationales. [...] Un nouvel esprit de «techno-nationalisme» – c'est ainsi que l'on pourrait le qualifier – est manifestement en train de naître, alliant une croyance solide dans le fait que les capacités technologiques des entreprises d'une nation sont une source primordiale de leur habileté compétitive à une conviction selon laquelle ces capacités sont d'une certaine façon nationales et peuvent être élaborées grâce à une action nationale. (Nelson et Rosenberg, dans Nelson [éd.], 1993, p. 3)

Freeman (1987) a été le premier à utiliser explicitement le concept de SNI. La collaboration qui s'est instaurée par la suite entre Freeman, Nelson et Lundvall dans le cadre du projet de l'IFIAS[2] sur la théorie technologique et économique (Dosi *et al.*, 1988) a été importante pour l'élaboration de ce concept. Porter (1990), par exemple, n'utilise pas le concept, mais son analyse de l'avantage compétitif au niveau national se caractérise par une approche similaire à celle des SNI. Mc Kelvey (1991) compare ces approches contemporaines, tandis que Freeman (1995) place le concept dans une perspective historique. On peut trouver des systèmes d'innovation à d'autres niveaux d'agrégation, par exemple chez Carlsson (1995), qui met l'accent sur la technologie et les systèmes spécifiques aux secteurs, et chez Baraczyk, Cooke et Heidenreich (1996), où les systèmes régionaux sont le thème central.

Malgré les efforts entrepris pour comprendre les SNI, la situation reste apparemment peu satisfaisante, surtout à cause de l'absence d'une structure analytique cohérente. Cela semble d'ailleurs particulièrement vrai dans le cas d'un cadre conceptuel des SNI pour des études se rapportant aux pays en développement, telles qu'elles sont réalisées par

2 International Federation of Institutes for Advanced Study.

l'Institut pour les nouvelles technologies à l'Université des Nations Unies de Maastricht (Gu, 1996). Même si l'on pourrait affirmer que le concept a été conçu à l'origine pour expliquer des phénomènes dans les pays industrialisés, il n'est pas dit qu'il soit limité *prima facie* à ces pays (nations).

La conceptualisation des SNI débute avec les travaux d'un groupe d'économistes de l'Université d'Aalborg (Lundvall, 1992) au Danemark, qui soulignent deux composantes fondamentales constituant le noyau de l'analyse des SNI: l'apprentissage et la structure institutionnelle.

> On suppose tout d'abord que la ressource fondamentale de l'économie moderne est la connaissance et que le processus le plus important est donc l'apprentissage. Le fait que la connaissance diffère, de façon primordiale, des autres ressources de l'économie réduit l'applicabilité des théories économiques courantes... (Lundvall, dans Lundvall [éd.], 1992, p. 1)

Selon cette hypothèse que le groupe d'Aalborg appelle hypothèse d'apprentissage, un élément clé du concept de «système national d'innovation» est la connaissance qui découle de l'apprentissage, d'importants éléments de la base de connaissances étant tacites et issus de l'apprentissage sur le tas basé sur la routine. En fait, lorsqu'on se réfère à l'«apprentissage», il s'agit du développement de nouvelles qualifications, au niveau de l'individu, et de la formation de nouvelles compétences, au niveau des organisations et des réseaux. Dans ce dernier cas, selon Lundvall (1997), les compétences sont incorporées dans des procédures, des routines et des codes de conduite qui sont communs aux individus appartenant à l'organisation. En outre, lorsque l'objet principal d'une analyse est de mieux comprendre le développement économique, une innovation qui donne de bons résultats est plus importante que l'attribution efficace des ressources existantes. De ce point de vue, il devient également clair que des informations et des connaissances spécifiques à un moment donné pourraient être moins importantes que la capacité d'apprentissage même des agents économiques. De ce fait, une telle approche centrée sur l'apprentissage implique que l'efficacité de l'apprentissage devient un facteur primordial dans un développement économique à long terme couronné de succès. Mais cela va à l'encontre des théories économiques classiques du développement qui avaient tendance à considérer l'attribution efficiente des facteurs de production (capital et travail) comme la clé du développement économique[3]. En supposant que le concept des SNI mette l'accent sur l'apprentissage, l'analyse d'un tel système devrait donc être axée sur le processus de l'apprentissage par opposition aux conséquences de celui-ci, qui est en fait bien pris en compte dans une approche centrée sur l'apprentissage. La deuxième hypothèse est que le soutien apporté par la structure institutionnelle est crucial pour le processus d'apprentissage[4]. Lundvall affirme donc:

> on admet que l'apprentissage est surtout un processus interactif, donc intégré socialement, qui ne peut se comprendre sans prendre en compte son contexte institutionnel et culturel. En particulier, on présume que l'establishment historique et le développement de l'Etat-nation moderne étaient une condition préalable nécessaire à l'accélération du processus d'apprentissage qui a donné une impulsion au processus d'industrialisation, au cours des siècles passés. (Lundvall, dans Lundvall [éd.], 1992, p. 1)

De ce fait, le cadre conceptuel des SNI cherche à identifier les éléments qui influent sur la capacité et l'efficacité d'un système national d'innovation, c'est-à-dire la structure institutionnelle dans laquelle naît l'innovation, et tente d'établir comment ce processus soutient l'apprentissage et donc la création de connaissances. L'hypothèse étant que le soutien institutionnel est un facteur causal crucial pour l'apprentissage, les éléments culturels et sociaux qui sont primordiaux pour un système d'innovation doivent être considérés comme des paramètres intrinsèques plutôt qu'extrinsèques. Le cadre des SNI qui est proposé considère donc l'Etat-nation comme un type particulier de contexte institutionnel qui intervient pour établir les institutions nécessaires au développement industriel au moyen de stratégies, de lois et de réglementations industrielles ainsi que de dépenses publiques directes. Il convient de noter ici qu'on considère que l'Etat-nation lui-même, en tant qu'un des acteurs économiques, exerce un fort impact sur le modèle du système d'innovation dans sa globalité, le processus d'acquisition de connaissances et son degré

3 Dans la théorie néoclassique de la croissance, certains prennent toutefois en compte l'effet d'apprentissage sur le tas: c'est le cas d'Arrow (1962), de Sheshinski (1967) ou de Romer (1986).

4 En ce qui concerne les institutions prises au sens de normes, habitudes et règles, elles sont profondément enracinées dans la société et jouent un rôle majeur en déterminant comment les gens communiquent et comment ils acquièrent et utilisent leurs connaissances. Voir Björn Johnson, «Institutional Learning», dans Lundvall (1992).

d'efficacité dans un tel système. Il en découle que l'apprentissage interactif est censé intégrer le feedback émanant de la formulation de politiques et les réactions des acteurs économiques, ce qui aboutit à un processus d'apprentissage politique et institutionnel par lequel passe l'ensemble de la société. Ces processus ont donc une action sur l'apprentissage technologique de tous les acteurs économiques et en subissent les effets (Gu, 1996).

2. Mode 2

Dans les publications, on trouve un autre modèle, le «Mode 2» de production de connaissances scientifiques, dans lequel le savoir scientifique est décrit comme un ensemble d'idées, de méthodes, de valeurs et de normes, ayant toutes des implications profondes pour la compétitivité et la durabilité dans la société contemporaine[5]. Gibbons *et al.* ont donc identifié cinq caractéristiques qui, lorsqu'elles sont réunies, sont suffisamment homogènes pour constituer une nouvelle forme de production de connaissances[6]. La première caractéristique est que la recherche contemporaine est menée dans le contexte de l'application; les problèmes sont formulés dès le début sous la forme d'un dialogue présentant de nombreux points intéressants. Deuxièmement, dans le Mode 2 interviennent de nombreux protagonistes qui apportent des qualifications et un savoir-faire hétérogènes qui sont essentiels au processus de résolution des problèmes, en exerçant toutefois un impact sur les structures organisationnelles. La troisième caractéristique du Mode 2 est la transdisciplinarité, dont il a déjà été question, qui est définie comme le savoir issu d'un contexte d'application particulier ayant ses propres structures théoriques, ses méthodes de recherche et ses modes de fonctionnement, mais qui n'est peut-être pas localisable dans les champs disciplinaires existants (Gibbons *et al.,* 1994, p. 168). Un autre critère important est l'obligation de rendre des comptes par opposition à la responsabilité individuelle, qui reste en fait toujours valable. Il s'agit d'une sorte de respon-

5 Cette partie est basée sur Gibbons *et al.* (1994).
6 Pour une discussion approfondie, voir Thompson Klein *et al.* (2001), pp. 69-71.

sabilité institutionnalisée ou d'une manière d'élargir l'horizon de ceux auxquels est destinée la connaissance. Enfin, il y a le critère de contrôle de la qualité, selon lequel une valeur sociétale doit être intégrée à la définition que l'on applique à une bonne science, en fait difficile à saisir. D'après Gibbons et ses collègues, il y a suffisamment de données empiriques prouvant que cet ensemble distinct de pratiques cognitives et sociales a commencé à émerger, que ces pratiques ne sont pas les mêmes que celles qui régissent le «Mode 1», la forme classique et habituelle de production de connaissances, linéaire et orientée vers la discipline. D'après Gibbons et ses coauteurs, le Mode 1 s'est développé pour contrôler la diffusion du modèle newtonien de la science dans un nombre croissant de champs d'investigation et pour garantir la conformité des travaux de recherche avec ce qui est considéré comme une pratique scientifique solide. Les conditions de l'environnement économique et politique en constante évolution, surtout à cause de la mondialisation, se manifestent dans les sciences naturelles et sociales, mais également dans les humanités, où elles peuvent se résumer grosso modo par l'expression de «science orientée vers le marché». Ces conditions peuvent alors être décrites en termes de nombre d'attributs qui, pris globalement, sont suffisamment cohérents pour suggérer l'émergence d'un nouveau mode de production de connaissances. Cet ensemble d'attributs est utilisé ensuite pour expliquer les différences entre le Mode 1 et le Mode 2[7].

Selon Gibbons *et al.*:

> Le nouveau mode fonctionne dans un contexte d'application en ce sens que les problèmes ne sont pas posés dans un cadre disciplinaire. Il est transdisciplinaire plutôt que mono- ou multidisciplinaire. Il est exécuté sous des formes non hiérarchiques, organisées de façon hétérogène, qui sont essentiellement transitoires. Il n'est pas institutionnalisé en premier lieu au sein de structures universitaires. Le Mode 2 implique l'interaction étroite de nombreux acteurs à travers le processus de production de connaissances, ce qui signifie que la production de connaissances devient plus responsable socialement. Une des conséquences de ces changements est que le Mode 2 utilise une gamme de critères plus large pour évaluer le contrôle de la qualité. Dans l'ensemble, le processus de production de connaissances devient plus réflexif et affecte aux plus profonds niveaux ce qui sera considéré comme une «bonne science». (Gibbons *et al.*, 1994, p. vii)

7 En fait, l'hypothèse de Gibbons *et al.* est la suivante: si le Mode 2 ne remplace peut-être pas le Mode 1, le Mode 2 est presque entièrement différent du Mode 1.

En revanche, les problèmes du Mode 1 sont posés et résolus dans un contexte dominé par les intérêts majoritairement académiques d'une communauté spécifique. Le Mode 1 est disciplinaire et caractérisé par l'homogénéité, il est hiérarchique d'un point de vue organisationnel et tend à conserver sa forme; pour ce qui est du type de contrôle de la qualité, le Mode 1 s'appuie sur une base moins large, il est moins complexe et plutôt unidimensionnel[8].

Pourquoi Gibbons et ses collègues ont-ils décidé d'employer le terme de «transdisciplinarité» plutôt que de parler de «multidisciplinarité» ou de «pluridisciplinarité»? Et que veulent-ils transmettre avec ce terme? Gibbons et Nowotny expliquent qu'aujourd'hui, l'idée essentielle est qu'un effort intellectuel n'émerge plus au sein de disciplines comme c'était courant autrefois, mais plutôt dans un contexte d'application qui va au-delà d'une seule discipline et dépasse donc les frontières disciplinaires (Thompson Klein *et al.*, 2001, pp. 69-70)[9]. En outre, le fait que le nombre de protagonistes qui travaillent à forger la réalité sociale a augmenté en permanence, comme le révèle, par exemple, l'importance croissante des ONG, souligne la signification du préfixe «trans-»[10]. En

8 Pour une étude plus détaillée sur le contrôle de la qualité, voir par exemple le Programme prioritaire «Demain la Suisse» du Fonds national suisse pour la science et son projet de recherche, «The Production of Socially Robust Knowledge», dirigé par Helga Nowotny. Ce projet est basé sur trois études de cas se rapportant à deux secteurs de recherche: la recherche environnementale et la biotechnologie.

9 Pour une explication plus détaillée, voir Gibbons *et al.* (1994), pp. 27-31.

10 Plusieurs tentatives ont été entreprises pour faire la distinction entre «pluri-», «inter-» et «trans-» disciplinarité. Selon la définition donnée par Jantsch (1972), la pluri/multidisciplinarité se caractérise par l'autonomie des différentes disciplines et ne suscite pas de changements dans la disciplinarité et les structures théoriques existantes. Bien qu'une coopération existe sur un sujet commun, les différentes perspectives disciplinaires sont maintenues. L'interdisciplinarité se caractérise par la formulation explicite d'une terminologie uniforme qui transcende les disciplines ou par une méthodologie commune, travaillant ainsi sur divers sujets dans un cadre qui est commun aux disciplines concernées. Pour ce qui est de la transdisciplinarité, «l'ultime degré de coordination dans le système science/innovation» (Jantsch, 1972, p. 222), elle n'apparaît que si la recherche se fonde sur une compréhension théorique commune, associée à un renforcement mutuel des épistémologies disciplinaires. Dans ce cas, la coopération aboutit à un regroupement de résolutions de problèmes, ancrées dans les disciplines, et crée une théorie homogénéisée ou un ensemble exemplaire transdisciplinaire. Voir Gibbons *et al.*, 1994, pp. 28-29. Pour

affirmant que la production de connaissances devient «plus réflexive» dans le Mode 2, Gibbons *et al.* soutiennent que le fait de travailler dans un contexte d'application sensibilise davantage les scientifiques à la nécessité de s'impliquer dans un cadre plus large que celui dans lequel ils travaillent. De plus, tous les participants deviennent plus réflexifs dès qu'il n'est plus possible de répondre uniquement en termes scientifiques à la question sur laquelle se fonde la recherche, intégrant de ce fait différents individus et groupes qui étaient normalement considérés comme extérieurs au système scientifique et technologique. Ces individus et ces groupes ont donc ainsi la possibilité de devenir des agents actifs dans la définition et la résolution de problèmes ainsi que dans l'évaluation des performances. Il en résulte que la «bonne science» acquiert de nouvelles dimensions, qu'il s'agit de déterminer.

Mais comment peut-on définir la «bonne science»? En s'efforçant de répondre à cette difficile question, Nowotny dans Thompson Klein *et al.* (2001, p. 71) explique qu'un élément important à intégrer dans la définition d'une bonne science doit être un élément sociétal. Ainsi, selon Nowotny, nous devrions commencer par parler de qualité scientifique à «valeur intégrée» plutôt qu'à «valeur ajoutée». De là, nous qualifierions cette approche de «bottom-up», influant sur le processus de production de connaissances dès le début et aux «niveaux les plus profonds», déjà avant qu'un certain problème soit défini.

Tous ces attributs du Mode 2, s'ils ne sont pas présents dans chaque cas, semblent cohérents lorsqu'ils sont réunis, ce qui donne au mode de production une stabilité cognitive et organisationnelle qui est reconnaissable. C'est pourquoi, alors que les normes cognitives et sociales s'adaptent simplement les unes aux autres dans le Mode 1 et produisent des connaissances disciplinaires, de nouvelles normes, appropriées aux connaissances disciplinaires, émergent dans le Mode 2. A travers toutes ces étapes de production de connaissances, de l'émergence d'une idée à la commercialisation d'un produit fini, la créativité individuelle et la créativité collective se trouvent dans une relation variable faite de tension et d'équilibre. Et bien que le Mode 1 et le Mode 2 soient des modes de

---

une analyse plus détaillée (et également visuelle) de toutes les différentes formes, voir Jantsch, 1972, pp. 222 ss.

production distincts, ils sont en interaction permanente. Des spécialistes issus d'une discipline peuvent adhérer au mode transdisciplinaire de production de connaissances, mais ils sont susceptibles de revenir à leur base disciplinaire d'origine après un certain temps, tandis que d'autres choisiront de se confronter à une suite de problèmes difficiles à résoudre qui sont posés par une série de contextes d'application, caractéristiques du Mode 2.

Il résulte du processus de massification de l'enseignement et de la recherche[11] que le nombre de sites où une recherche efficace[12] peut être menée a augmenté[13]. Ceux-ci constituent, selon Gibbons et ses coauteurs, les ressources intellectuelles du Mode 2 et ses fondements sociaux. En fait, c'est le développement de transports rapides ainsi que les technologies de l'information et de la communication qui ont créé la capacité grâce à laquelle ces sites sont en interaction. C'est pourquoi le Mode 2 dépend de façon cruciale des technologies émergentes de l'informatique et des télécommunications, privilégiant donc uniquement ceux qui peuvent se les offrir. Le résultat de cette explosion du nombre d'interconnexions et de configurations possibles en matière de connaissances et de qualifications peut être décrit comme un «système de production de connaissances réparti socialement», où la communication prend place de plus en plus au travers de frontières institutionnelles existantes. Le ré-

11 Alors que la massification de l'enseignement se réfère en premier lieu à l'augmentation du nombre d'étudiants qui souhaitent recevoir une formation de type universitaire, la croissance de modèles de masse dans la recherche est à la fois semblable et différente. Ces modèles impliquent, par exemple, des relations de travail entre des personnes établies dans différentes institutions et englobent de nombreux participants extérieurs à l'université. La recherche dans le Mode 2 nécessite également des moyens de financement autres que ceux requis par la recherche traditionnelle basée sur une discipline. Il en résulte l'émergence d'une multitude de nouveaux accords institutionnels, liant de différentes façons le gouvernement, l'industrie, les universités et des groupes de conseil privés. D'où l'adoption fréquente, dans la recherche universitaire, d'un état d'esprit orienté vers le profit. Pour une discussion approfondie, voir Gibbons *et al.*, 1994, pp. 70-89.

12 L'efficacité découlant d'un surplus de personnes, ayant reçu un enseignement supérieur, qui n'a pu être absorbé dans leurs structures disciplinaires.

13 A noter que l'expansion de la demande de connaissances spécialisées de toutes sortes, difficiles à reproduire, a eu lieu parallèlement à l'augmentation de l'offre de connaissances spécialisées.

sultat est décrit comme un «réseau dont les nœuds s'échelonnent désormais sur toute la planète et dont la connectivité s'accroît chaque jour» (Gibbons *et al.*, 1994, p. 10). Un point intéressant à noter ici est que, selon Gibbons, le Mode 2 ne semble pas particulièrement disposé à s'institutionnaliser dans le modèle conventionnel. Alors que ces auteurs soutiennent que le Mode 1 est devenu le mode de production caractéristique de la recherche disciplinaire largement institutionnalisée dans les universités, le Mode 2 est institutionnalisé dans un système réparti socialement qui est plus hétérogène et davantage flexible, incorporant nombre de partenaires divers en marge des universités. En fait, les différences institutionnelles entre, par exemple, les universités et l'industrie semblent de moins en moins appropriées en contexte transdisciplinaire. Au lieu de cela, c'est la performance collaborative qui a la préférence plutôt que la performance individuelle, les individus travaillant dans des types d'organisation ouverts, flexibles dans lesquels ils ont la possibilité de ne travailler que temporairement. En outre, puisqu'il est considéré comme la réponse aux besoins de la science et de la société, le Mode 2, avec ses différents attributs tels qu'ils sont décrits plus haut et sa manière inhérente de produire des connaissances, est censé être irréversible. Mais la question que l'on pourrait poser ici est de savoir si le Mode 2 est considéré comme étant déjà le mode final dans la façon sans doute non statique mais évolutionniste de produire des connaissances. Il pourrait y avoir un jour un Mode 3…

Même si l'innovation technologique dépend de plus en plus de l'utilisation de connaissances spécialisées[14], qui sont souvent considérées comme un facteur clé pour déterminer l'avantage comparé d'une société, il est souvent difficile pour des entreprises individuelles de l'acquérir et trop onéreux de les reproduire entièrement en interne[15]. C'est pourquoi les entreprises se sont engagées dans une série complexe d'accords de collaboration avec des universités (et leurs groupes de recherche associés), des gouvernements (par le biais de laboratoires publics et d'instituts de recherche) et d'autres sociétés où l'offre et la demande de connaissances passent par un mécanisme de marché qui n'est pas purement

14 Fréquemment liées à un contexte d'application particulier.

15 Par exemple en essayant d'adopter un nouveau processus de production ou en adaptant un ancien processus.

commercial. Néanmoins, il faudrait remarquer qu'en dehors des relations formelles, il existe aussi un important réseau informel, renforcé par les transports rapides et les communications électroniques, où le savoir scientifique circule parmi des praticiens et des scientifiques. Comme les connaissances sont produites en configurant le capital humain, la capacité d'agir ainsi est au cœur de nombre d'économies de multiproduction qui sont considérées comme essentielles pour survivre sur le marché actuel. En outre, il est bien connu que la propagation de l'innovation est nécessaire pour qu'il y ait de réelles retombées économiques. Dans le cadre du Mode 2, cette propagation est même aujourd'hui un problème de diffusion de connaissances, typique du Mode 2.

Les conclusions de Gibbons et ses coauteurs se résument ainsi:

> Le point central de notre thèse est que l'expansion parallèle du nombre de producteurs potentiels de savoir, du côté de l'offre, et l'augmentation des besoins en connaissances spécialisées, du côté de la demande, créent les conditions grâce auxquelles émerge un nouveau mode de production de connaissances. Le nouveau mode a des implications pour toutes les institutions, que ce soient des universités, des instituts publics de recherche ou des sociétés industrielles, qui sont concernées par la production de connaissances. L'émergence de marchés pour les connaissances spécialisées signifie que les règles changent pour chaque ensemble d'institutions, mais pas nécessairement de la même façon ni à la même vitesse. [...] Quelques entreprises et universités ont déjà parcouru un long chemin sur la voie du changement, ce que l'on constate avec le type de personnel qu'elles recrutent et la série complexe d'accords de coopération qu'elles ont conclus. Cependant, les objectifs institutionnels à atteindre, les règles régissant l'évolution professionnelle et les facteurs sociaux et techniques qui déterminent les compétences devront tous être modifiés dans la mesure où le nouveau mode de production est mis en place. (Gibbons *et al.*, 1994, p. 13)

D'une manière générale, nous pensons que la théorie relative au Mode 2 de production de connaissances est plutôt descriptive et n'apporte pas grand-chose de plus en tant qu'outil de recherche analytique. Même si ce n'était peut-être pas le but, cette théorie est souvent utilisée en parallèle avec les SNI ou le modèle de la triple hélice. En outre, nous estimons qu'elle manque de précision (nous nous demandons d'ailleurs si cela doit faire partie de la recherche transdisciplinaire aujourd'hui et à l'avenir) et qu'elle n'est donc d'aucune utilité pour établir une science plus ou moins exacte au sujet de n'importe quel type de production de connaissances et d'innovation technologique, ce qui pourrait s'avérer cependant utile pour déterminer la meilleure façon de produire des connaissances. En fait, les questions au sujet d'une «bonne» science ou de la «solidité sur le plan social» compliquent encore le problème. De plus, limiter les causes de l'émergence du nouveau mode de production de connaissances à l'expansion du savoir spécialisé à la fois du côté de l'offre et de la demande est probablement plutôt réducteur. En outre, le contexte d'application a toujours été un élément central, et la transdisciplinarité un outil important et utile, mais peut-être pas bien considéré pour ce qui est de l'innovation. En conclusion, nous proposons plutôt de voir le Mode 2 comme une étude de cas empirique dans le cadre des SNI ou, d'une manière plus générale, du modèle de la triple hélice. Celle-ci va maintenant faire l'objet d'une étude détaillée.

3. La triple hélice[16]

La convergence continue et les interactions remarquables entre les universités, l'industrie et le gouvernement dans le processus de production de connaissances et le transfert de technologies ont été représentées et expliquées par Leydesdorff et Etzkowitz à travers le modèle de la triple hélice. Ce modèle d'innovation en spirale (par opposition au modèle linéaire traditionnel) représente diverses relations réciproques dans des cadres institutionnels (académique, privé et public) à différentes étapes du processus de production de connaissances. La collaboration entre ces trois sphères institutionnelles s'intensifie, avec un modèle de liens en spirale qui émergent à différentes étapes du processus d'innovation, pour former ce qu'on appelle la «triple hélice»[17].

Selon Leydersdorff et Etzkowitz, le modèle de la triple hélice améliore les systèmes nationaux de modèle d'innovation en faisant de la «gouvernance» une variable[18], ce qui permet d'étudier les différents ni-

16 Cette partie est basée sur Etzkowitz et Leydesdorff (2000).

17 Pour cette définition du modèle de la triple hélice, voir Viale et Ghiglione (1998).

18 Par exemple, on peut considérer que l'Union européenne (UE) procède à des expérimentations avec une série d'accords répartissant les pouvoirs entre des gouvernements nationaux et une réglementation supranationale. Pour une discussion plus détaillée, voir Leydesdorff (2000a).

veaux de gouvernement (européen, national, régional et local) dans un cadre cohérent. En fait, ils affirment que les systèmes d'innovation ne peuvent plus être stabilisés, puisqu'ils restent profondément transitoires. De la même manière, les systèmes de «recherche, technologie et développement» (RTD) ne sont pas censés rester à l'état stable. Par rapport au modèle du Mode 2, celui de la triple hélice met également l'accent sur un réseau dynamique de relations et d'interactions au sein des institutions qui participent à des activités de recherche. Parce que les flux de connaissances et d'informations sont considérés comme un mécanisme de coordination émergeant de la société, parallèlement et en interaction avec les relations d'échanges économiques et les mécanismes de contrôle politique existants, l'économie politique tend à se fonder de plus en plus sur la connaissance. Alors que chaque innovation est vue comme un exemple d'interaction, les systèmes d'innovation s'appuient de façon récurrente sur les interactions aux interfaces entre les technologies, les marchés, les institutions, etc. A cause de leur complexité, ces interactions (dont l'élément moteur peut être défini comme l'attente de profits, «profit» ayant diverses significations pour les différents acteurs concernés [Leydesdorff, 2000b]) devraient générer une dynamique non linéaire, rendant nécessaire un modèle algorithmique pour étudier toutes les relations existantes. Une autre différence importante en comparaison avec l'approche SNI est que, d'après la thèse de la triple hélice, l'université devrait jouer un rôle plus intense en matière d'innovation dans une économie qui repose sur la connaissance. Le modèle diffère donc, sur le plan analytique, de l'approche SNI qui attribue à l'entreprise un rôle directeur dans l'innovation[19]. En outre, alors que l'approche SNI est centrée sur l'analyse des co-évolutions entre, par exemple, technologies et institutions, marchés et technologies (Nelson, 1994), la thèse de la triple hélice met l'accent sur les interactions qui ont lieu dans les différentes interfaces. Il s'agit donc de répondre aux questions suivantes: comment les rigidités organisationnelles qu'elles comportent sont-elles maîtrisées et supprimées ou quand ces réorganisations peuvent-elles être considérées comme des ajustements structurels aux avancées technologiques? (Leydesdorff, 2001, p. 4).

19 Le modèle diffère également du modèle en «triangle» de Sábato (1975) qui privilégie l'Etat (voir Sábato et Mackenzie, 1982).

L'évolution des systèmes d'innovation et le conflit concernant la voie à prendre dans les relations université-industrie-gouvernement se reflètent sous différentes perspectives au sujet de ces accords interinstitutionnels. C'est pourquoi Leydesdorff et Etzkowitz distinguent dans le modèle général de la triple hélice trois principales configurations. Les figures ci-dessous (Etzkowitz et Leydesdorff, 2000) devraient être utiles pour comprendre les différents modèles.

Il y a tout d'abord le modèle étatiste (triple hélice I) des relations université-industrie-gouvernement dans lequel l'Etat occupe une position prédominante. Ce modèle est considéré dans une large mesure comme un modèle de développement inefficace en ce qui concerne le développement économique et technologique. Des versions frappantes de ce modèle existaient dans l'ancienne Union soviétique et dans les pays de l'Europe de l'Est. En fait, dans cette configuration, l'Etat-nation englobe les universités et l'industrie, et supervise leurs relations (figure 1).

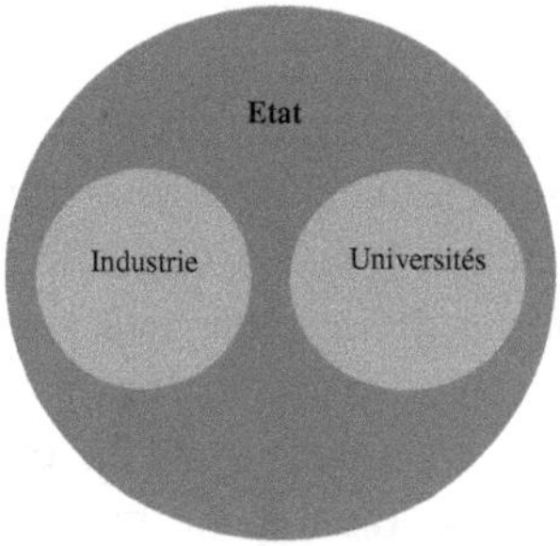

Figure 1. Le modèle étatiste des relations université-industrie-gouvernement

Source: Etzkowitz et Leydesdorff (2000).

Un deuxième modèle de politique[20] (triple hélice II) est constitué de sphères institutionnelles distinctes, séparées par des frontières bien mar-

20 Il faut souligner ici que ceux-ci sont justement appelés modèles de «politique», car ils tendent à décrire non seulement la relation entre les différents acteurs engagés dans le processus de production de connaissances, mais également ou même avant tout à proposer une orientation normative et des directives pour une politique.

quées; les relations à l'intérieur des sphères sont très limitées. En comparaison avec le modèle de la triple hélice I, le rôle de l'Etat est fortement restreint, ce qui permet de pratiquer une sorte de politique du laissez-faire (figure 2).

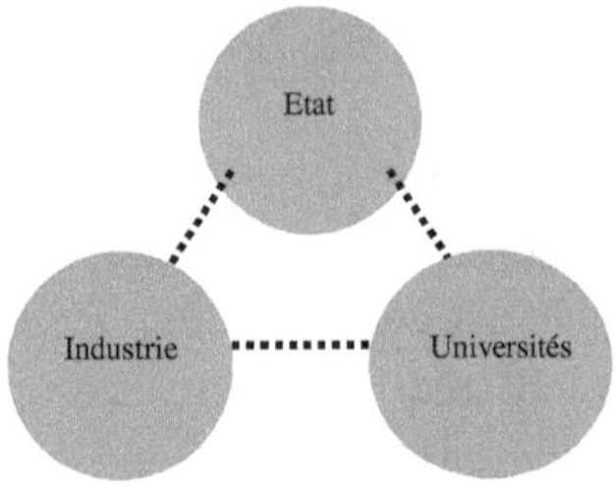

Figure 2. Le modèle «laissez-faire» des relations université-industrie-gouvernement

Source: Etzkowitz et Leydesdorff (2000).

Il y a enfin le modèle de la «triple hélice III», qui devrait générer une infrastructure de la connaissance en termes de sphères institutionnelles qui se superposent, chacune assumant le rôle de l'autre, et dans lequel des organisations hybrides (telles que des spin-off universitaires high-tech ou des sociétés de capital-risque créées par les universités) émergent aux interfaces[21]. Cette infrastructure de la connaissance des relations université-industrie-gouvernement n'est pas statique. En fait, elle fonctionne dans le sens d'attentes dont l'échange mutuel au niveau des communications (institutionnalisées ou non) peut être considéré comme une couche répartie au sommet des différentes institutions. Comme cette couche intègre en partie les accords sous-jacents (p. ex. les systèmes nationaux d'innovation), mais dans un mode de réseau réparti prenant en compte des termes interactifs et récurrents (caractéristiques d'un modèle non linéaire), le système reste incomplet (toujours en phase de reconstruction) et par conséquent en flux (figure 3).

21 A partir de maintenant, lorsqu'on parlera de la triple hélice, il s'agira normalement de la triple hélice III.

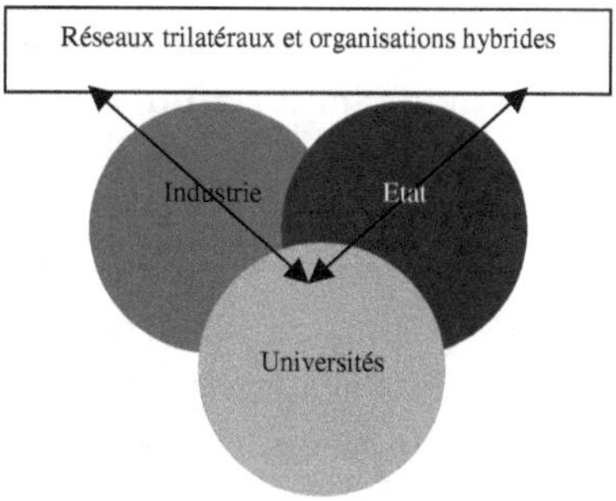

Figure 3. Le modèle de la triple hélice des relations université-industrie-gouvernement

Source: Etzkowitz et Leydesdorff (2000).

L'objectif commun à la plupart des pays qui tentent tous de parvenir d'une façon ou d'une autre à une forme de modèle de triple hélice III est de créer un système d'innovation constitué d'entreprises spin-off universitaires, d'initiatives trilatérales pour un développement économique basé sur le savoir et d'alliances stratégiques parmi les PME, les laboratoires publics et les groupes académiques de recherche. Le gouvernement ne contrôle pas ces accords institutionnels mais les soutient fréquemment, que ce soit par de nouvelles «règles du jeu», une assistance financière, directe ou indirecte, ou de nouveaux acteurs tels que des fondations pour encourager l'innovation.

D'après Leydesdorff et Etzkowitz, la triple hélice en tant que modèle analytique apporte à la description des divers accords institutionnels et modèles de stratégie une explication supplémentaire de leur dynamique. A leur avis, tous les modèles tels que les «systèmes nationaux d'innovation», les «systèmes de recherche en transition» (Cozzens *et al.*, 1990; Ziman, 1994), le «Mode 2» ou le «système de recherche postmoderne» (Rip et Van der Meulen, 1996), qui décrivent des stratégies S&T (science et technologie), indiquent un changement permanent et une réorganisation des relations université-industrie-gouvernement, et mettent en évidence l'importance croissante du savoir dans l'économie et la société. En fait, chaque théorie pourrait peut-être prendre en compte une sous-dynamique différente, c'est-à-dire des interactions spécifiques au sein du système (Leydesdorff, 1997). Ces sous-dynamiques des systèmes d'innovation, qu'elles soient en interaction ou non, se reconstruisent constamment et de façon réflexive, par exemple à travers des discussions et des négociations avec les différents acteurs concernés. Par exemple, les SNI peuvent être plus ou moins systémiques[22] et leur dynamique constituée de collaborations de plus en plus complexes au-delà des frontières nationales (entre différents systèmes «nationaux» d'innovation) et entre les chercheurs et les utilisateurs de la recherche qui viennent de différentes sphères institutionnelles. L'hypothèse de la triple hélice ajoute un élément supplémentaire aux systèmes de référence tels que les SNI, à savoir que ces accords pourraient rester en transition, offrant ainsi l'occasion d'adapter les attentes de l'acteur. En outre, en rendant possible une analyse au niveau du réseau, le modèle de la triple hélice permet de faire une comparaison entre différentes configurations de relations institutionnelles (par exemple, entre l'industrie et le gouvernement).

Il est intéressant de remarquer ici que le «Mode 2» n'est pas nouveau, si nous nous référons à Leydesdorff et Etzkowitz. En fait, l'impulsion qui a été donnée concrètement à la découverte scientifique est certainement durable et le Mode 2 devrait donc être considéré comme le concept original de la science avant son institutionnalisation académique au XIXe siècle. Ainsi, la question à laquelle il faut répondre devrait être la suivante: pourquoi le Mode 1 est-il apparu après le Mode 2, la base initiale organisationnelle et institutionnelle de la science? Cependant, il faut sans doute répondre aux questions portant sur les origines de la «science» et sur sa définition exacte avant de continuer les recherches de cette manière, mais ce n'est pas l'objet de la présente étude.

Pour finir, il est possible de tirer plusieurs conséquences du modèle de la triple hélice. D'après Leydesdorff et Etzkowitz, la triple hélice montre non seulement les relations entre l'université, l'industrie et le gouvernement, mais également les transformations internes à l'intérieur de chacune de ces sphères, qui sont dues à ces interactions. La couche supérieure de l'hélice fournit un modèle au niveau de la structure sociale pour expliquer ce qu'est le Mode 2, en tant que structure émergente sur

22 Leydesdorff et Etzkowitz admettent que le degré d'effet de système *(systemness)* reste une question empirique. Pour un test d'«effet de système», voir Leydesdorff et Oomes (1999).

le plan historique pour la production de connaissances scientifiques, mais également pour expliciter sa relation au Mode 1. Premièrement, les accords entre l'industrie et le gouvernement n'ont plus besoin d'être conceptualisés comme des accords qui sont passés exclusivement entre des gouvernements nationaux et des secteurs industriels particuliers. Les alliances stratégiques vont au-delà des clivages sectoriels habituels, et les gouvernements n'agissent pas seulement au niveau national ou régional, mais de plus en plus aussi au niveau international (UE, ALENA, etc.). Deuxièmement, le moteur des interactions peut être défini comme l'attente de profits, «profit» (en termes monétaires ou non) ayant des significations différentes pour les divers acteurs concernés. Par exemple, une recherche qui a des résultats positifs pourrait conférer une certaine réputation à une université avec des retombées quant au nombre d'étudiants. Troisièmement, la base du modèle en termes d'attentes laisse de la place aux incertitudes et aux processus dus au hasard, rien n'étant programmé d'avance. Les supports institutionnels, c'est-à-dire les sous-systèmes en interaction, doivent être reproduits pour autant qu'ils ont été fonctionnels jusque-là, mais on s'attend à ce que les négociations débouchent sur des expérimentations, qui peuvent aussi être institutionnalisées par la suite. Quatrièmement, la croissance que connaît le secteur de l'enseignement supérieur et de la recherche universitaire (du nombre d'étudiants, de publications ou d'instituts de recherche scientifique) a donné à la société un domaine dans lequel il est possible de concevoir différentes configurations d'interaction entre les institutions ou les acteurs concernés et de les combiner à nouveau d'une manière plus ou moins organisée. Cinquièmement, le modèle de la triple hélice tente également d'expliquer pourquoi il ne faut pas éliminer les tensions qui existent au sein du système[23]. En fait, l'argument invoqué est que le fait de les supprimer blo-

23 Précisons que c'est du modèle néo-évolutionniste (par opposition au modèle néo-corporatiste) de la triple hélice qu'il est question ici. D'après l'interprétation évolutionniste, les universités, l'industrie et le gouvernement apprennent, dans des contextes locaux spécifiques, à encourager la croissance économique à travers le développement de relations réciproques, qui sont nouées librement, et d'entreprises communes qui continuent à exister au fil du temps et suscitent des changements dans la façon dont les agents parviennent à concevoir leur environnement et à agir dans leur milieu. Pour d'autres informations sur ces différentes interprétations du modèle de la triple hélice, voir Viale et Ghiglione (1998).

querait la dynamique d'un système qui existe grâce aux perturbations et aux interactions dans ses sous-systèmes. Enfin, la question importante des moyens d'échange: les attentes économiques (en termes de profit et de croissance), les attentes théoriques, évaluations des réalisations possibles en fonction des contraintes institutionnelles et géographiques, doivent être liées et transformées de manière réciproque. Il en résulte que les hélices (université, industrie, gouvernement) communiquent de façon récurrente dans le temps en termes de codes (et d'objectifs) propres à chacune. D'après Leydesdorff et Etzkowitz, le nouveau mode de production de connaissances génère une «transition sans fin» du système d'innovation qui redéfinit constamment la limite de la «frontière sans fin» (Bush, 1980).

4. Conclusions

En conclusion, nous considérons le modèle de la triple hélice comme le modèle approprié pour identifier les relations et les mécanismes existants dans le processus de production de connaissances et d'innovation. Ce sera donc notre modèle de référence dans notre étude de cas des microsystèmes en Suisse romande. Nous laissons le soin à d'autres de discuter de l'importance relative des institutions qui le constituent, c'est-à-dire les universités, les gouvernements et l'industrie, et nous ne sommes guère d'accord avec Etzkowitz et Leydesdorff lorsqu'ils accentuent l'importance du modèle qui devrait apporter des indications concrètes sur la politique en matière de recherche ou la politique économique en général. Cette approche peut certainement révéler l'état des choses, et c'est toute la société qui doit changer et prendre une certaine direction (la façon de produire des connaissances, y compris l'influence sur ce mécanisme), qui pourrait, en fait, être proche du Mode 2. En comparaison avec les SNI, elle prend en compte une analyse plus complexe du processus de production de connaissances et évite de se limiter à la «nation», élargissant ainsi le champ d'analyse, ce qui est important dans notre économie mondialisée. Nous considérons donc la triple hélice comme un autre développement de l'approche SNI, adapté à une situation globalisée.

Chapitre II

Le paysage suisse de la recherche publique

Ce chapitre a pour but de présenter et de clarifier la structure générale de l'organisation et de l'encouragement public de la recherche, de la formation et de la technologie en Suisse, fortement influencée par la structure fédéraliste du système politique. Une première partie présente brièvement le cadre général, avant une présentation du cadre légal, politique et ensuite du cadre institutionnel. Un schéma à la fin du chapitre illustre le mode de fonctionnement de la recherche publique en Suisse.

1. Cadre général

Si l'on compare les dépenses de recherche et développement (R&D) de la Suisse avec celles des autres pays de l'OCDE, elles figurent dans le peloton de tête lorsqu'elles sont calculées par rapport au PIB ou par habitant[1]. Pourtant, les dépenses intra-muros de R&D de l'Etat (Confédération et cantons), en comparaison internationale, sont relativement faibles[2]. En effet, près de trois quarts des dépenses de R&D sont pris en charge par le secteur des entreprises privées et presque un quart par le secteur des hautes écoles[3]. Ce dernier constitue d'ailleurs le lieu où la recherche publique est effectuée; il se compose des dix universités cantonales, des deux écoles polytechniques fédérales (EPF Lausanne et Zu-

1 En 2000, les dépenses intérieures brutes de R&D en % du PIB de la Suisse s'élèvent à 2,64%, ce qui situe la Suisse en cinquième position des pays de l'OCDE après la Suède, la Finlande, le Japon et les Etats-Unis. A titre de comparaison, la R&D représente 2,21% du PIB pour l'ensemble des pays de l'OCDE et 1,86% pour l'Union européenne (OCDE, 2001). Voir également annexe 2.

2 Ceci s'explique en partie aussi par le niveau modeste de la recherche militaire en Suisse (Schoenenberger et Zarin-Nejadan, 2001, p. 44).

3 Cf. annexes 3 et 4.

rich), avec leurs établissements de recherche indépendants[4], et des sept hautes écoles spécialisées (HES)[5]. A cette liste, il faut encore ajouter des instituts de recherche extra-universitaires s'occupant également de recherche publique. Néanmoins, notons que la Confédération apporte aussi son soutien financier aux universités cantonales ainsi qu'aux instituts de recherche extra-universitaires. Elle finance également deux agences de moyens, dont le Fonds national suisse de la recherche scientifique (FNS) et la Commission pour la technologie et l'innovation (CTI)[6].

2. Cadre légal et politique

Le cadre légal et politique dans le domaine de la recherche, de la formation et de la technologie est principalement déterminé d'abord par la Constitution fédérale, puis par les différentes lois fédérales du domaine, comme la Loi sur la recherche, la Loi sur l'aide aux universités, la Loi sur les hautes écoles spécialisées et la Loi sur les EPF. S'ajoutent les messages du Conseil fédéral relatifs à l'encouragement de la formation, de la recherche et de la technologie dont le premier est apparu pour la période quadriennale 2000 à 2003 et dont l'actuel porte sur les années 2004 à 2007.

Constitution fédérale

Le cadre légal de base dans le domaine de la recherche publique en Suisse est fourni par la Constitution fédérale du 18 avril 1999 et plus précisément par l'article 64 («Recherche») qui énonce l'encouragement

4 Institut fédéral pour l'aménagement, l'épuration et la protection des eaux (IFAEPE), Laboratoire fédéral d'essai des matériaux et de recherche (LFEM), Institut Paul Scherrer (IPS) et Institut fédéral de recherche sur la forêt, la neige et le paysage (FNP).

5 Nouveau type de haute école en Suisse depuis 1998, dont la Haute école spécialisée de Suisse occidentale (HES-SO) pour la Suisse romande.

6 Pour des aspects concernant l'évolution dans le temps du système de la recherche suisse, voir Benninghoff et Ramuz (2002, pp. 12-17 et p. 23). Pour l'évolution du financement public de la R&D en Suisse, voir Lepori (2002).

de la recherche scientifique par la Confédération. L'objectif de coordination des différentes activités de la politique de recherche y est également mentionné. En outre, l'article 63 de la Constitution accorde à la Confédération le droit de légiférer sur la formation professionnelle et indique ses rapports avec les hautes écoles (création, gestion, soutien).

Loi sur la recherche

Basée sur ces deux articles constitutionnels (art. 63 et 64), la Loi fédérale sur la recherche (Loi sur la recherche, LR) du 7 octobre 1983 vise à offrir une conception globale d'encouragement de la recherche. Ses buts sont l'encouragement de la recherche scientifique et le soutien de la mise en valeur des résultats, le contrôle de la coordination des organes de recherche et, le cas échéant, sa réglementation, et finalement, l'assurance de l'utilisation économe et rationnelle des fonds affectés par la Confédération à la recherche. L'encouragement de la recherche (chapitre 2) prévoit des subventions directes et d'autres formes d'appuis de l'Administration fédérale (section 3) à des institutions de recherche extra-universitaires définies selon l'article 16[7]. La coopération entre les organes de recherche est fondée sur une «coordination autonome» (chap. 3, section 1) au sein de chaque organe de recherche et une coordination entre les organes de recherche eux-mêmes. Ainsi, la coordination n'est pas imposée «par le haut» mais réalisée par les différents instituts. En ce qui concerne la planification de la politique de la recherche (chap. 3, section 3), quatre éléments sont considérés par la Loi. Il s'agit des objectifs de la politique suisse en matière de recherche, des programmes pluriannuels, des grandes lignes de la politique gouvernementale et de la planification financière de la Confédération, ainsi que de la planification annuelle. Cette gestion de la politique de la recherche par objectifs est complétée par une planification de la recherche sur quatre ans. Par ailleurs, durant cette période, un accent particulier est mis sur le dévelop-

7 Le Centre suisse d'électronique et de microtechnique (CSEM) est une de ces institutions. Le montant accordé au CSEM (et à la FSRM) par la Confédération pour la période 2000 à 2003 (2004 à 2007) s'élève à 82 (96) millions de francs. Cf. chapitre 3.

pement technologique, notamment par le biais de projets de coopération technologique en Europe (Benninghoff et Ramuz, 2002, pp. 13-14).

Loi sur l'aide aux universités

Nouveau partenariat entre la Confédération et les cantons en matière de politique universitaire, réforme des structures de direction politique pour la création d'un réseau national de hautes écoles, réforme des instruments financiers de la Confédération dans le domaine de la formation universitaire, telles sont les grandes lignes de la nouvelle Loi fédérale sur l'aide aux universités et la coopération dans le domaine des hautes écoles (Loi sur l'aide aux universités, LAU) du 8 octobre 1999, entrée en vigueur le 1er avril 2000. Parallèlement à la collaboration de la Confédération avec les cantons dans le domaine de la politique universitaire, la Loi prévoit, pour promouvoir la qualité de l'enseignement et de la recherche, un encouragement par la Confédération dans quatre domaines définis. Il s'agit de la création de réseaux et de centres de compétences dans les domaines des hautes écoles, de la compétition entre les hautes écoles universitaires, de la création de conditions propices à la coopération internationale dans le domaine des hautes écoles et de la valorisation des connaissances acquises par la recherche (art. 1).

Loi sur les hautes écoles spécialisées

Selon la Loi fédérale sur les hautes écoles spécialisées (LHES) du 6 octobre 1995, les HES sont des établissements de formation de niveau universitaire qui s'inscrivent en principe dans le prolongement d'une formation de base (art. 2). Parmi leurs tâches, on trouve, entre autres, un enseignement axé sur la pratique et l'offre, en complément aux études sanctionnées par un diplôme, de mesures de perfectionnement professionnel. De plus, dans leur domaine d'activité, elles se chargent de travaux de R&D et fournissent des prestations à des tiers. Elles sont aussi amenées à collaborer avec d'autres institutions de formation et de recherche en Suisse et à l'étranger.

En ce qui concerne le domaine R&D, l'article 9 précise que les HES assurent à travers leurs activités de recherche appliquée et de développement une coopération avec les milieux scientifiques et économiques, en particulier en fournissant des prestations à des tiers. En outre, elles doivent prévoir une collaboration adéquate et des infrastructures communes avec les établissements de recherche et de développement universitaires. Les modifications du 8 octobre 1999 apportées à l'article 9 (alinéas 3 à 5), entrées en vigueur le 1er juin 2002, précisent par ailleurs que les HES doivent conclure des contrats avec leurs mandants sur l'exploitation des résultats brevetables ou non brevetables des recherches financées par les pouvoirs publics. De plus, les HES sont incitées à soutenir l'exploitation des résultats de la recherche, car «si l'école ou le partenaire contractuel n'exploite pas les résultats dans les deux ans qui suivent la fin du projet, les droits de l'exploitation doivent être proposés aux institutions qui ont soutenu le projet de manière déterminante» (art. 9, al. 5, LHES).

Loi sur les EPF

La Loi fédérale sur les écoles polytechniques fédérales (Loi sur les EPF) du 4 octobre 1991, entrée en vigueur le 1er février 1993, s'applique au domaine des EPF comprenant l'EPF de Zurich, l'EPF de Lausanne et les établissements de recherche rattachés aux EPF qui relèvent de la Confédération. Les EPF et les établissements de recherche ont pour mission (art. 2) de former des étudiants et du personnel qualifié dans les domaines scientifique et technique et d'assurer la formation continue, de se consacrer à la recherche, de promouvoir la relève scientifique et de fournir des services de caractère scientifique et technique. Dans le domaine de la recherche (art. 9), les EPF accomplissent leurs tâches de recherche en conduisant des études scientifiques et en participant à des projets de recherche nationaux et internationaux, tout en tenant compte des besoins de l'enseignement.

La révision partielle de la Loi sur les EPF (modification du 21 mars 2003, en vigueur depuis le 1er janvier 2004) a permis un renforcement de l'autonomie du domaine des EPF, posant ainsi les bases légales nécessaires à la gestion du domaine des EPF par mandat de prestations et enveloppe budgétaire (chapitre 5), instruments de gestion administrative introduits par voie d'ordonnance le 1er janvier 2000.

Message relatif à l'encouragement de la formation, de la recherche et de la technologie pendant les années 2000 à 2003 (2004 à 2007)

Rédigé conjointement par le Département fédéral de l'intérieur et le Département fédéral de l'économie, le Message du Conseil fédéral relatif à l'encouragement de la formation, de la recherche et de la technologie pendant les années 2000 à 2003 du 25 novembre 1998 (Message FRT) réunit pour la première fois les demandes de crédits pour les trois secteurs de la formation, de la recherche et de la technologie. Ce regroupement permet à la Confédération d'établir une planification des ressources et des prestations et de présenter dans son ensemble sa politique en la matière, qui poursuit cinq objectifs stratégiques pour la période 2000-2003. Il s'agit de créer des réseaux de coopération des hautes écoles suisses sur la base de nouvelles formes de coopération Confédération-cantons (objectif 1), d'intégrer les réseaux des hautes écoles suisses dans la coopération internationale en matière d'éducation et de recherche (objectif 2), d'encourager l'excellence en matière de formation et de recherche (objectif 3), de mettre en valeur les connaissances (objectif 4) et d'améliorer et de développer les réseaux existants (objectif 5).

Le Message FRT pour la période 2004-2007, du 29 novembre 2002, qui veut assurer la continuité, poursuit quatre priorités: il s'agit de renouveler l'enseignement afin de permettre à la Suisse de figurer de nouveau dans le peloton de tête des évaluations internationales; de renforcer la recherche et de stimuler l'innovation; de stimuler la coopération nationale, transfrontalière et internationale; et, afin de concrétiser ces trois priorités, d'améliorer la transparence du système, à la fois dans son ensemble, dans ses composantes et dans ses modes de fonctionnement.

3. Cadre institutionnel

3.1 Organes responsables des grandes orientations de la politique de la recherche

Les deux organes responsables de la politique de la science et de la technologie en général sont le Département fédéral de l'intérieur (DFI) et le Département fédéral de l'économie (DFE). Rattaché au premier, le Groupement de la science et de la recherche (GSR) se compose du Secrétariat d'Etat à la science et à la recherche et de l'Office fédéral de l'éducation et de la science (OFES); le Conseil des écoles polytechniques fédérales (CEPF) est lié au Groupement. A signaler que le Secrétaire d'Etat à la science et à la recherche est le directeur du Groupement.

Les fonctions exercées par le Secrétariat d'Etat sont, entre autres, la préparation et la mise en œuvre des décisions visant une politique cohérente dans le domaine de la science, de la recherche et de l'enseignement universitaire, la coordination de la politique en matière d'enseignement universitaire et de recherche, et l'entretien des contacts avec les partenaires étrangers et le développement des relations internationales. En plus, le Secrétariat d'Etat sert d'interlocuteur au Conseil des EPF pour les affaires relevant de la politique suisse de la science et pour les questions concernant la gestion du CEPF par le Conseil fédéral et le DFI. Il prépare également le mandat de prestations du CEPF et en contrôle la mise en œuvre[8].

A côté des deux organes responsables de la politique de la science et de la technologie, on trouve deux organes de conseil, de coordination et d'évaluation, qui sont le Conseil suisse de la science et de la technologie (CSST) et la Conférence universitaire suisse (CUS). Le CSST est l'organe consultatif du Conseil fédéral pour toutes les questions relevant de la politique de la science, de la formation, de la recherche et de la technologie. Collaborant avec différentes institutions de la politique de recherche suisse, en particulier le Centre d'études de la science et de la technologie (CEST), le CSST se prononce, sur sa propre initiative ou à la

8 Cf. Ordonnance sur l'organisation du Département fédéral de l'intérieur du 28 juin 2000.

demande du Conseil fédéral, du DFI ou du DFE, sur des projets et des problèmes scientifiques qui touchent la politique de la science, la formation, la recherche et la technologie[9].

La CUS est l'organe commun de la Confédération et des cantons suisses pour la collaboration dans le domaine de la politique des hautes écoles universitaires. Ses bases légales se fondent d'une part sur la LAU et d'autre part sur le Concordat intercantonal de coordination universitaire du 9 décembre 1999. Elle a été instituée le 1er janvier 2001 par la Convention entre la Confédération et les cantons universitaires sur la coopération dans le domaine des hautes écoles universitaires et succède à l'ancienne Conférence universitaire suisse. La CUS dispose de compétences décisionnelles contraignantes dans des domaines définis et est chargée, entre autres, de reconnaître des institutions ou des filières d'études, d'édicter des directives sur l'évaluation de l'enseignement et de la recherche, de même que sur la valorisation des connaissances acquises par celle-ci. En outre, elle émet des recommandations sur la collaboration, la planification pluriannuelle qui tient compte d'une répartition des tâches équilibrée dans le domaine des hautes écoles universitaires. Par ailleurs, la CUS travaille en étroite collaboration avec la Conférence des recteurs des universités suisses (CRUS), chargée du traitement des affaires de nature académique[10].

3.2 Institutions de niveau décisionnel et financier

Comme institutions dotées de compétences au niveau décisionnel et financier, on trouve, du côté du DFI, l'Office fédéral de l'éducation et de la science (OFES), plutôt orienté vers la recherche fondamentale libre, et du côté du DFE, l'Office fédéral de la formation et de la technologie (OFFT), dirigé davantage vers la recherche orientée et appliquée.

9 Voir www.swtr.ch.
10 Voir shkwww.unibe.ch.

Fonds national suisse de la recherche scientifique (FNS)

Fondation scientifique autonome, le Fonds national suisse de la recherche scientifique (FNS) soutient la relève scientifique suisse et alloue des subsides aux recherches libre et programmatique menées par les hautes écoles et d'autres organisations. Dans le cadre de la recherche programmatique, il est responsable de plusieurs programmes de recherche au niveau national et international. Ce type de recherche se caractérise par des objectifs et des thèmes définis dans un cadre politique, par la durée limitée des programmes, par leur orientation interdisciplinaire et par la collaboration avec des partenaires extérieurs au milieu académique[11]. Au niveau national, ces programmes sont actuellement de trois types différents: les Programmes nationaux de recherche (PNR), les Programmes prioritaires de la Confédération (PP), mais remplacés aujourd'hui par les Pôles de recherche nationaux (PRN), nouvel instrument d'encouragement à la recherche à long terme lancé en 2001.

Office fédéral de l'éducation et de la science (OFES)

L'OFES, composé de cinq sections, est l'institution responsable, sous l'autorité du Conseil fédéral, des politiques de la Confédération dans les domaines de l'éducation, de la recherche et des universités, ainsi que de la coopération internationale en la matière. Sa section «Affaires universitaires» se charge de l'exécution de la Loi sur l'aide aux universités en matière de contribution fédérale aux charges universitaires des cantons. Elle s'occupe de sujets nationaux et internationaux relevant de la politique universitaire et propose des solutions pour l'action gouvernementale. De plus, les membres de la section représentent la Suisse dans la négociation de la reconnaissance de diplômes d'études supérieures avec d'autres Etats. La section «Programmes internationaux de recherche» a la responsabilité administrative des programmes et initiatives européens et internationaux comme les programmes-cadres de l'Union européenne (UE)[12] ou l'Initiative sur la Coopération scientifique et technologique

11 Voir 3.3 (descriptif général) pour plus de détails sur le FNS.

12 1998-2002 (2002-2006): 5ᵉ (6ᵉ) programme-cadre de la Communauté européenne pour des actions de recherche, de développement technologique et de démonstration.

(COST). En ce qui concerne ces programmes, l'OFES est en particulier chargé d'assurer et de promouvoir la participation de la Suisse et de gérer les crédits pour soutenir les participants suisses. Le soutien financier et la coordination d'un réseau suisse d'information font également partie de ses tâches. La section «Organisations internationales de recherche» assume la responsabilité de la participation de la Suisse aux organisations internationales de recherche, par exemple dans les domaines de la physique des particules et des corps solides (CERN, ESRF, ILL)[13], de la fusion (JET)[14] et de la coopération et du développement économique (OCDE). La dernière section à mentionner est celle des «Institutions nationales de recherche», responsable de l'exécution de la LR (FNS, Académies scientifiques), en particulier l'allocation des subventions fédérales aux institutions chargées d'encourager la recherche ainsi qu'aux établissements de recherche et services scientifiques auxiliaires. En outre, cette section s'occupe des programmes de la recherche dite orientée et de l'effort de recherche de l'administration fédérale (recherche du secteur public); elle représente les intérêts scientifiques et technologiques de la Suisse, notamment au sein de l'OCDE et de l'UNESCO[15].

Conseil des écoles polytechniques fédérales (CEPF)

Autre institution déjà mentionnée du côté du DFI, le Conseil des écoles polytechniques fédérales (CEPF) est l'unité stratégique à la tête du domaine des EPF, regroupant les deux EPF et les quatre instituts de recherche IFAEPE, LFEM, IPS et FNP (cf. section 2). Le Conseil des EPF, élu par le Conseil fédéral, décide de l'orientation stratégique du domaine des EPF et alloue à ses six institutions, dont il coordonne les activités, les moyens financiers mis à disposition par la Confédération. Par ailleurs, il propose la nomination des présidents et directeurs des institutions au Conseil fédéral en vue de leur nomination par celui-ci. En plus, il élit les professeurs. Au niveau de la recherche, le Conseil des EPF initie des

13 Organisation européenne pour la recherche nucléaire, Installation européenne de rayonnement synchrotron, Institut Laue-Langevin.

14 Joint European Torus.

15 Voir www.bbw.admin.ch.

programmes de recherche, dont le déroulement est nouvellement assuré en commun avec la Commission pour la technologie et l'innovation *(infra)* qui fait partie de l'Office fédéral de la formation et de la technologie[16]. En effet, à l'instar des programmes prioritaires (PP) du FNS, les PP du Conseil des EPF ont également pris fin. Ils sont remplacés aujourd'hui par une recherche programmatique établie par le Conseil des EPF et réalisée par la CTI.

Office fédéral de la formation professionnelle et de la technologie (OFFT)

L'OFFT, composé de cinq centres de prestations, se désigne lui-même comme le «centre de compétences» (OFFT, 2002, p. 2) de la Confédération pour les questions liées à la formation professionnelle, aux hautes écoles spécialisées (HES) et à la politique en matière d'innovation. Un de ces centres est le centre de prestations «Promotion de l'Innovation» constitué de la Commission pour la technologie et l'innovation[17].

Commission pour la technologie et l'innovation (CTI)

Dès 2000, la CTI revêt le statut d'Agence fédérale pour la recherche appliquée et le développement (Ra&D), se situant entre la recherche appliquée et sa mise en valeur industrielle. Mandatée par la Confédération, elle a pour mission de créer des liens entre le monde de la recherche et les entreprises, notamment les PME (petites et moyennes entreprises). Elle vise à leur faciliter l'accès aux EPF, aux universités, aux HES, ainsi qu'aux programmes de recherche européens ou internationaux. En outre, depuis le lancement du programme national de technologie orientée «TOP NANO 21»[18] qui vise à promouvoir le développement de la nanométrie au service de la science et des nouvelles technologies[19], la CTI

16 Voir www.cepf.ch.

17 Voir www.bbt.admin.ch.

18 Phase de préparation: 1999, phase d'exécution: 2000-2003. Dès 2004, le soutien aux nanotechnologies qui relevait du programme «TOP NANO 21» sera transféré dans le domaine «Nouvelles technologies» de la CTI.

19 Biotronique, stockage des données numériques, matériaux, robotique, technologie moléculaire, procédés de miniaturisation.

a, comme déjà évoqué, pris en main les programmes de recherche du Conseil des EPF.

Le «projet CTI» constitue l'instrument clé de la CTI pour le soutien à la création de liens entre le monde de la recherche et les PME, en d'autres termes au transfert des connaissances et des technologies. Pour aider les PME, la CTI soutient des projets de développement répondant aux besoins du marché par le biais d'instituts de recherche sans but lucratif (hautes écoles et hautes écoles spécialisées) et éventuellement d'autres firmes (projet en réseau ou multi-entreprises). Les subsides de la Confédération vont aux centres de recherche, et en ce qui concerne le partenaire industriel, il assume en général 50% des coûts du projet, à titre d'engagement pour une commercialisation rapide des résultats obtenus. Autre point important: selon le principe «bottom-up», les partenaires définissent eux-mêmes le contenu du projet, dont la direction est normalement confiée au partenaire industriel[20]. La promotion se fait, d'un côté, dans le cadre de l'activité centrale de la CTI, non thématique, et de l'autre, dans des domaines prometteurs de la technologie, pour lesquels la Suisse dispose de potentialités de développement.

Dans ce contexte, on peut citer par exemple l'initiative «CTI Start-up» utilisée comme moyen d'encouragement de la transposition des résultats de recherche en produits commercialisables par le biais de la création d'entreprises. D'autres exemples sont l'initiative «MedTech» qui entend favoriser, voire renforcer, la collaboration entre divers acteurs industriels et scientifiques dans le domaine des technologies médicales, et le programme «TOP NANO 21» pour la promotion de la nanotechnologie au niveau national, soutenu à la demande du Conseil des EPF. Dans le cadre d'accords de coopération internationaux, la CTI finance également la participation suisse au programme européen de R&D EUREKA, ainsi qu'au programme de recherche mondial «Intelligent Manufacturing Systems» (IMS).

20 Cf. «La CTI et ses 10 règles d'or», www.bbt.admin.ch (Innovation, CTI).

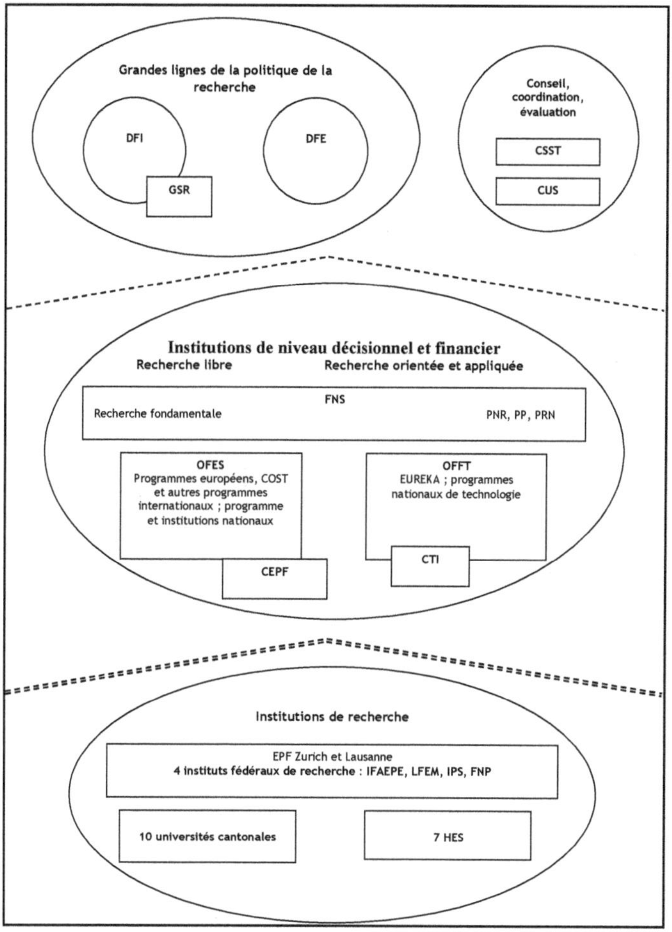

Figure 4. Encouragement public de la recherche en Suisse

Chapitre III

Etude de cas: les microsystèmes en Suisse romande

Le secteur qui est analysé par la suite est celui des «microtechniques»[1] ou «microsystèmes» (MST ou MEMS[2]). Contrairement à la microtechnique traditionnelle, fondée essentiellement sur la mécanique de précision, la microtechnique moderne repose sur un ensemble de technologies différentes à combiner pour réaliser les fonctions prises en charge par les produits microtechniques (Maillat *et al.*, 1993, p. 32). Selon la définition proposée par la Commission européenne dans le Quatrième Programme-cadre de la Communauté européenne pour des actions communautaires de recherche, de développement technologique et de démonstration (4e PCRD, 1994-1998), un «microsystème» est:

> … an intelligent miniaturised system comprising sensing, processing and/or actuating functions. These would normally combine two or more of the following: electrical, mechanical, optical, chemical, biological, magnetic or other properties, integrated onto a single or multichip hybrid.

L'étude porte sur la partie francophone de la Suisse, la Suisse romande, car c'est dans cette région, en particulier le long de l'Arc jurassien qui englobe du côté suisse les cantons de Neuchâtel et du Jura et une partie des cantons de Vaud, de Soleure et de Berne, que les microtechniques ont connu un essor singulier, dû particulièrement à la longue tradition du secteur horloger dans cette région[3].

1 Pour la définition et l'utilisation des termes «microtechnique» / «microtechniques», voir Perret *et al.* (2000, pp. 15-16) et Maillat *et al.* (1993, pp. 3-12).

2 «Microsystem Technology» / «Micro Electro-Mechanical System». A noter que le terme «microsystèmes» est celui qui est plutôt utilisé en Europe, tandis qu'aux Etats-Unis, on préfère souvent celui de MEMS.

3 Pour un bref aperçu historique des microtechniques dans l'Arc jurassien, voir Pfister (1995, pp. 23-35). Pour la distribution géographique des activités microtechniques en Suisse, voir SWX Swiss Exchange et Swiss Technology Consulting Group AG (2001, p. 14).

De plus, c'est en Suisse romande que se trouvent le Centre suisse d'électronique et de microtechnique (CSEM), créé en 1983-1984 à Neuchâtel, avec aujourd'hui deux autres centres à Zurich et Alpnach, et la Fondation suisse pour la recherche en microtechnique (FSRM), créée en 1978 également à Neuchâtel. Un grand nombre des centres de formation et de recherche en microtechnologies sont également localisés dans cette région, avec principalement les deux écoles d'ingénieurs du canton de Neuchâtel (EICN) et du canton de Vaud (EIVD), l'Ecole polytechnique fédérale de Lausanne (EPFL) et l'Institut de microtechnique (IMT) de l'Université de Neuchâtel (UniNE).

Au cours de ces dernières années, le secteur des micro- (et nano-) technologies a également connu un intérêt particulier de la part des différents organes fédéraux responsables de l'encouragement de la recherche, notamment à travers le lancement de plusieurs programmes technologiques ciblés dans le domaine (par exemple le programme prioritaire MINAST – «Technologie des microsystèmes et nanosystèmes» – du Conseil des EPF).

Formation en microsystèmes

Les principales institutions de Suisse romande qui offrent une formation en microsystèmes sont l'EICN, l'EIVD, l'EPFL (DMT), l'UniNE (IMT) et la FSRM. Parmi les différentes voies de formation offertes par l'EICN, on trouve la filière «Microtechnique» (département de microtechnique) avec quatre orientations différentes: matériaux et technologies des surfaces, conception horlogère, productique et robotique, optique et microsystèmes. Le titre délivré est celui d'ingénieur(e) diplômé(e) HES, avec mention de la filière et de l'orientation. L'EICN offre également des cycles d'études postgrade et des cours de formation continue, par exemple une formation postgrade en optique et microtechnologies. L'enseignement est assuré par des chargés de cours issus des écoles d'ingénieurs (HES et EPF), des universités, des instituts de recherche et de l'industrie.

A l'EIVD, la filière de microtechnique fait partie du département de mécanique. La formation en tant qu'ingénieur HES en microtechnique s'articule autour de plusieurs domaines dont la mécanique appliquée, les matériaux, la méthodologie de construction, les composants microtechniques, les techniques de fabrication et le réglage automatique. Des disciplines telles que l'optique, la simulation de systèmes électromécaniques et la conception d'automates de montage ou d'appareils caractérisent ici la spécialisation de l'ingénieur microtechnicien orienté conception et productique.

Le département de microtechnique (DMT) de l'EPFL propose dans un premier cycle de formation d'ingénieur EPFL en microtechnique des cours spécifiques en électrotechnique, éléments de construction, électronique, matériaux, résistance des matériaux, composants de la microtechnique, optique et informatique. Dans un deuxième cycle, des branches comme la microtechnique (produits-production), l'électronique-informatique et les commandes de système sont offertes. La formation théorique est complétée dans un des trois domaines d'approfondissements suivants: produits intégrés, techniques de production ou photonique appliquée.

A l'IMT, la formation des ingénieurs en microtechnique fait l'objet d'une convention entre l'EPFL et l'UniNE datant du 23 mai 1989, qui établit que le diplôme d'ingénieur en microtechnique est décerné par l'EPFL et que le deuxième cycle d'études se déroule à l'EPFL. Le premier cycle d'études de deux ans peut se faire soit à l'EPFL, soit à l'Université de Neuchâtel. Des cours spécifiques à la microtechnique sont offerts par exemple en électronique (numérique et analogique), composants de la microtechnique, matériaux microtechniques et conception de systèmes microtechniques. Les étudiants qui ont accompli avec succès leur premier cycle à l'UniNE sont admis au deuxième cycle à l'EPFL aux mêmes conditions que les étudiants du premier cycle de l'EPFL[4]. Par la suite, les étudiants peuvent également choisir de faire leurs travaux semestriels et de diplôme à l'Université de Neuchâtel.

Finalement, la FSRM offre aujourd'hui plus de 120 cours de formation continue, ponctuels et orientés vers la pratique dans des domaines techniques et technologiques. Les deux programmes de formation sont les «Cours d'ingénierie» et le «Training in Microsystems». Le premier programme s'adresse à des ingénieurs et des techniciens de l'industrie suisse, et n'est pas limité au secteur microtechnique. Parmi les plus de 40

4 Cette convention a été récemment dénoncée par l'EPFL pour l'année 2004. Une nouvelle convention est actuellement en négociation.

thèmes proposés, on trouve par exemple des techniques de fabrication et d'assemblage ou des méthodes de conception et de conduite de projets de développement. Les enseignants sont principalement recrutés dans l'industrie. Le programme «Training in Microsystems» s'adresse aux ingénieurs et scientifiques de l'industrie et de la recherche en Europe. Plus de 30 thèmes liés aux technologies, à la réalisation et aux applications de microsystèmes sont offerts. Le recrutement des enseignants se fait dans les centres de recherche spécialisés et dans l'industrie.

Programmes de recherche nationaux

Plusieurs programmes nationaux ont été lancés par les différents organes compétents, tant du côté de la recherche fondamentale que de celui de la recherche appliquée, pour encourager la recherche et le développement dans le domaine des micro- et nanotechnologies et pour rapprocher les différents acteurs publics ou privés.

Du côté FNS, un premier programme dans ce domaine a été lancé en 1980 déjà à travers le PNR 13 «Micro- et Optoélectronique», suivi du PNR 24 «Chimie et Physique des surfaces» qui a commencé en 1987 et a pris fin en 1995. Une suite de ce programme se trouvait dans le PNR 36 «Nanosciences» qui a duré de 1996 à 2000. Puis, en 2001 a été lancé le PRN «Nanosciences – Impacts pour les sciences de la vie, Pérennité, Nouvelles Technologies d'Information et de Communication»[5] avec comme «leading house» l'Université de Bâle. Comme pour tous les PRN, une durée de vie maximale de 12 ans est envisagée.

Lancés à partir de 1992, les PP faisaient l'interface entre la recherche appliquée et la recherche fondamentale. Ils avaient pour vocation de développer des compétences dans certains domaines clés et de promouvoir le déploiement de réseaux de recherche autour de pôles thématiques. En tout, huit programmes prioritaires ont été réalisés sous la responsabilité du Conseil des EPF et du FNS. Du côté des programmes gérés par le Conseil des EPF et qui ont trait aux microtechnologies, on trouve le PP

5 NCCR (National Centre of Competence in Research) Nanoscale Science.

LESIT[6] (conclu en 1995), le PP Optique (I et II), le PP Matériaux et le PP Micro- et Nanostructures (PP MINAST)[7], tous trois conclus en 1999.

Commencé en 1993, le PP Optique I a pris fin en 1995 et a été remplacé par le PP Optique II (1996-1999), qui avait comme objectif de transférer dans le secteur industriel les connaissances acquises au cours de la première phase du programme et de fonder de nouvelles entreprises. Presque simultanément a été lancé le PP MINAST en 1996. En fait, une fois approuvée la mise en œuvre du PP MINAST, mais aussi celle du PNR 36 (Nanosciences), le programme Optique II a été adopté de façon à remplacer par un nouveau module les activités dans le domaine de la nanotechnologie.

En ce qui concerne plus précisément MINAST (1996-1999), ce programme prioritaire nécessitait la collaboration d'au moins un partenaire de l'industrie et d'un institut de recherche étatique. Comme les projets devaient être planifiés selon les directives de la CTI, une participation financière d'au moins 50% des partenaires industriels à l'ensemble des mandats était nécessaire. D'ailleurs, MINAST était réparti en sept modules différents, coordonnés sur le plan de la définition des objectifs[8]. Une analyse de l'impact industriel de ce programme prioritaire est aujourd'hui disponible (COGIT AG, 2001).

Dans le cadre des programmes d'impulsion et d'action de l'ancien Office fédéral des questions conjoncturelles (OFQC)[9], il faut mentionner le programme d'action micro-électronique suisse MICROSWISS (1992-1997), qui poursuivait comme objectif l'application de la micro-électronique en Suisse. Ce programme, qui s'adressait en premier lieu aux PME, avait pour tâche de leur fournir un encadrement optimal à

6 PP LESIT (Electronique de puissance, technologie des systèmes informatiques).

7 Programme prioritaire «Technologie des microsystèmes et des nanosystèmes».

8 Les sept modules étaient: technologie des microsystèmes discrets; technologie des microsystèmes intégrés; microsystèmes capteurs et technologie pour leur intégration; conception, simulation et engineering de microsystèmes; application des microsystèmes; microrobotique et micromachines; utilisation des microsystèmes dans la nanotechnique et les technologies de nanostructuration.

9 L'OFQC a été dissous le 1er janvier 1998; certains secteurs de l'OFQC et de l'Office fédéral de l'industrie, des arts et métiers et du travail (OFIAMT) ont été regroupés pour former l'Office fédéral de la formation professionnelle et de la technologie (OFFT).

travers ses centres MICROSWISS, en collaboration avec les écoles d'ingénieurs (ou HES), pour toute réalisation de projets innovateurs. Dans son volet «Technologie des procédés et équipements», MICROSWISS a d'ailleurs apporté un soutien aux projets R&D des producteurs suisses de semi-conducteurs et des fabricants suisses de biens d'équipement basés sur cette technologie. De plus, un crédit spécial, dont disposait la CTI, était prévu pour soutenir des projets de R&D dans le cadre de MICROSWISS en micro-électronique et en technique des microsystèmes. A noter que cet engagement de la CTI dans le domaine de la technique des microsystèmes a également permis de soutenir la préparation du programme prioritaire MINAST[10].

Parmi les activités actuelles de la CTI, on trouve la réalisation opérationnelle du programme de technologie orientée TOP NANO 21, «Le nanomètre dans la science et la technologie du 21e siècle», créé par le Conseil des EPF, pour la période 2000-2003. Les objectifs du programme sont le renforcement de l'économie suisse – et en particulier des PME – par l'application de nouvelles technologies basées sur le nanomètre; l'élargissement de l'horizon scientifique des universités et hautes écoles dans le domaine de l'application des nanotechnologies à l'industrie et l'intégration du thème du nanomètre dans la formation pour favoriser l'émergence d'une nouvelle génération de spécialistes dans ce domaine. Le soutien à la création d'entreprises (start-up) est également un objectif important. Il faut noter que les applications de la nanotechnologie sont en grande majorité interdisciplinaires. C'est ainsi que TOP NANO 21 favorise la collaboration entre les différents instituts et l'industrie et tout particulièrement entre les instituts de recherche eux-mêmes, créant ainsi une plate-forme de compétence qui réunit les experts, les domaines de compétence et les réseaux issus des EPF, des universités, des établissements de recherche et des HES dans chacun des thèmes concernés.

10 A noter que MICROSWISS Network existe aujourd'hui en tant qu'association privée entièrement financée par ses membres, avec comme objectif l'encouragement des compétences en micro-électronique dans les hautes écoles spécialisées (HES).

Début/fin	Programme	Nom	Institution compétente
1980-1991	PNR 13	Micro- et Optoélectronique	FNS
1987-1995	PNR 24	Chimie et Physique des surfaces	FNS
1992-1995	PP	LESIT	CEPF
1992-1997	Programme d'action	MICROSWISS	OFQC (OFFT)
1993-1995	PP	Optique I	CEPF
1996-1999	PP	Optique II	CEPF
1996-1999	PP	MINAST	CEPF
1996-2000	PNR 36	Nanosciences	FNS
2000-2003	Programme de technologie orientée	TOP NANO 21	CEPF / CTI
2001-	PRN	Nanosciences	FNS

Tableau 1. Programmes de recherche nationaux dans le domaine des micro- et nanotechnologies et dans des domaines voisins

Programmes de recherche européens

A côté des projets R&D au sein des programmes-cadres (PCRD) de la Communauté européenne (IST et GROWTH[11]), quatre programmes majeurs existent au niveau de l'UE pour la promotion des microsystèmes en Europe. Il s'agit de l'initiative NEXUS (Network of Excellence in Multifunctional Microsystems), de l'initiative EUROPRACTICE, de l'initiative industrielle EURIMUS et du projet MINANET.

L'initiative NEXUS, lancée en 1992 par la Commission européenne, est aujourd'hui une association à but non lucratif, basée à Grenoble (France), qui a comme objectif de promouvoir la technologie des microsystèmes, de partager des informations techniques et de marketing, ainsi

11 Le programme GROWTH (Competitive and Sustainable Growth) a pris fin en 2002. Le financement pour la recherche industrielle est maintenant couvert par les priorités thématiques du 6e PCRD (2002-2006) qui vise à contribuer à la création d'un véritable Espace Européen de la Recherche (EER).

que de stimuler la coopération entre des organisations complémentaires. NEXUS fonctionne comme un «club» auquel des entreprises ou des instituts de recherche peuvent adhérer gratuitement, mais en payant par la suite pour des informations comme par exemple des études de marché. Si l'initiative a plutôt démarré comme une organisation académique visant la recherche à long terme, elle s'est de plus en plus tournée au cours des années vers les utilisateurs industriels. Aujourd'hui, l'association compte plus de 500 organisations membres. Parmi ses activités, on trouve les «user/supplier clubs» (USC), qui rassemblent des entreprises et des groupes de recherche travaillant dans le même domaine des microsystèmes pour discuter de problèmes techniques et commerciaux. Dix USC existent actuellement, dont le USC MEMS Packaging[12].

L'initiative EUROPRACTICE de la Commission européenne (DG III) a été lancée en octobre 1995 dans le cadre du programme ESPRIT. Son but est de promouvoir une exploitation plus large des microtechnologies par l'industrie européenne en adaptant pour sa production des solutions ASIC (Application-Specific Integrated Circuits), MCM (Multi-Chip Module) ou microsystèmes[13]. Aujourd'hui, EUROPRACTICE est composée de cinq Manufacturing Clusters (MC), douze Design Houses (DH) et sept Competence Centres (CC). Chaque MC comprend un groupe d'entreprises et d'instituts de recherche disposant de facilités de fabrication dans au moins une technologie. La Commission européenne investit dans l'infrastructure au niveau des clusters, qui ouvrent ensuite leurs installations à ceux qui développent des microsystèmes. Les utilisateurs des clusters payent pour chaque design réalisé, mais le coût est moins élevé qu'un investissement régulier. Les CC se focalisent sur des applications microsystèmes spécifiques et agissent souvent en tant que service de design qui choisit la méthode de fabrication la plus appropriée pour une application donnée (Curtis, 1999).

EURIMUS (European Initiative for Microsystems Uses) est une initiative industrielle au sein d'EUREKA lancée en 1998. Elle est centrée sur la commercialisation des technologies des microsystèmes (MEMS).

12 Cf. pour plus de détails Curtis (1999).

13 Comme l'action EUROPRACTICE, FUSE (First Users) visait à multiplier les applications de la micro-électronique et à renforcer la compétitivité industrielle par l'adoption des technologies disponibles.

Son objectif principal est de soutenir l'industrie européenne dans le lancement de projets R&D en coopération avec d'autres partenaires européens.

MINANET (Micro- Nanotechnology Network) est un projet financé par la Commission européenne. Il a pour but de rassembler toute l'information disponible sur des projets régionaux, nationaux et européens dans le domaine des micro- et nanotechnologies, et de la réunir dans une seule base de données.

Etude de cas

Pour analyser les rapports formels et informels existant entre les différents acteurs publics et privés, c'est-à-dire les hautes écoles, les entreprises privées, mais également l'Etat, dans le domaine des microsystèmes en Suisse romande, plusieurs entretiens ont été menés avec des acteurs clés actifs dans le domaine d'étude. Pour mieux guider les entretiens, nous avons élaboré un questionnaire que nous avons envoyé par avance aux personnes interrogées.

Dans la partie qui suit, chaque institution fait l'objet d'un résumé des entretiens. Ce sont les entretiens menés au sein des hautes écoles qui sont d'abord présentés, puis les entreprises privées et finalement les «autres institutions». En plus de cette structure, chaque institution est présentée en respectant la chronologie des dates d'entretien. Les résumés analytiques par institution, toujours précédés par un descriptif général sur l'institution concernée, essayent de suivre le mieux possible la structure du questionnaire[14]. On s'est intéressé d'abord aux «microsystèmes» en général (développement, émergence et positionnement), puis aux réseaux de connaissances existant entre les différents acteurs publics et privés, et plus précisément aux relations formelles et informelles de l'institution questionnée avec les autres acteurs du domaine. Troisièmement, l'intérêt s'est porté sur les relations existant entre l'institution «interviewée» et le CSEM et/ou la FSRM. Quatrièmement, les personnes interrogées ont donné leur point de vue sur les apports des différents programmes nationaux et européens de recherche dans le domaine en question. Finalement, une brève appréciation est donnée de l'institution en question.

14 Voir annexe 1 pour le questionnaire complet.

La dernière partie du livre propose en guise de conclusion une synthèse des résultats obtenus.

1. Hautes écoles

1.1 Ecole d'ingénieurs du canton de Neuchâtel (EICN)[15]

Entretien avec le Dr Samuel Jaccard, directeur, le Prof. Herbert Keppner (microtechnologies) et le Prof. Guido Frosio, doyen du département microtechnique, le 25 septembre 2001.

Descriptif général

L'Ecole d'ingénieurs du canton de Neuchâtel (EICN), qui a acquis le statut de Haute école spécialisée (HES) en 1996, réunit les formations techniques de niveau tertiaire dans le canton. Etablie au Locle, l'EICN est composée de trois départements (microtechnique, mécanique, électricité), dont chacun organise une filière d'études. La durée des études est de trois ans, suivis d'un travail pratique de diplôme de 12 semaines. A noter que les diplômes d'ingénieur(e)s HES de type généraliste délivrés par l'EICN sont eurocompatibles et mentionnent la filière ainsi qu'une spécialisation choisie[16]. La présence, à Neuchâtel, d'industries de pointe et d'instituts de recherche tels que le CSEM, les Instituts de microtechnique (IMT) et de physique de l'Université ou l'Observatoire, et des liens divers avec ces établissements représentent certainement un atout important pour l'enseignement et la recherche appliquée et le développement (Ra&D) à l'Ecole.

En ce qui concerne le département de microtechnique de l'EICN, il compte une trentaine de collaborateurs et un effectif d'environ 75 étudiants répartis sur les trois années d'études. Le financement annuel au niveau des mandats de recherche appliquée et des prestations de service se situe autour des 2 millions de francs suisses. Ces mandats se font en collaboration avec l'industrie régionale, nationale et même internationale. Les laboratoires du département de microtechnique collaborent en réseau, par domaine d'activité, avec leurs homologues des autres établissements de la HES-

15 A noter que l'EICN a disparu au profit d'une nouvelle institution qui s'appelle Ecole d'ingénieurs de l'Arc jurassien, regroupant l'EISI (Ecole d'ingénieurs de Saint-Imier) et l'EICN, avec l'antenne de Porrentruy.

16 Orientations possibles en microtechnique: matériaux et technologies des surfaces, productique et robotique, conception horlogère, optique et microsystèmes.

SO (Haute école spécialisée de Suisse occidentale) dans le cadre de trois centres de compétence (CC), dont un en systèmes intégrés (CCSI)[17]. A cela s'ajoutent de nombreuses collaborations formelles et informelles avec les milieux académiques et les institutions de recherche, par exemple les EPF, les universités (suisses et étrangères) et le CSEM[18].

Microsystèmes

Avant de devenir «HES», l'EICN a été la première école suisse de type ETS (Ecole technique supérieure). Considérées comme des centres de perfectionnement dans le secondaire supérieur, ces écoles dépendaient de la Loi sur la formation professionnelle (LFPr). Puisque l'EICN possédait depuis le début un département d'électricité, elle a introduit très tôt la micro-électronique, pas seulement dans son utilisation, mais aussi dans le design. Ainsi, par le biais de composantes micro-électroniques, réalisées avec des moyens encore très simples, l'Ecole a pu entrer relativement tôt dans le monde des microtechnologies. Au niveau d'une «sensibilisation des étudiants», l'EICN a pu sortir ses premiers circuits en 1984; grâce au professeur responsable de ce domaine à l'époque, l'Ecole a pu s'équiper des principaux éléments de base (et plus tard même d'une salle blanche), non pas pour une production, mais pour pouvoir faire des éléments de test.

En tant que HES, la mission de l'Ecole ne se limite plus seulement à l'enseignement de base pour ingénieurs, mais aussi à la postformation (formation après obtention du diplôme), à la recherche appliquée et à la création de contacts avec des institutions de recherche suisses et étrangères. Pour ne pas reproduire quelque chose qui existait déjà à l'EPFL ou à l'IMT, il s'est agi de chercher et de trouver des complémentarités pour renforcer le plus possible des axes de coopération dans le canton aussi. C'est ainsi que l'Ecole a décidé, par exemple, d'orienter la microtechnique également vers l'optique (grâce aux compétences présentes dans ce domaine) et de créer un sous-groupe Optique et Microsystèmes. A noter

17 Les deux autres sont le centre de compétence en technologie et design horloger (CCTDH) et le centre de compétence en automatisation industrielle et productique (CCAI).

18 Cf. www.eicn.ch.

que le passage au statut HES a plus ou moins coïncidé avec la mise en place de la salle blanche (en 1997).

D'autres raisons pour lesquelles les microsystèmes ont pu se développer de cette manière à l'EICN (comme d'ailleurs à Buchs, au Neu-Technikum Buchs) sont d'une part la proximité de l'Université avec son activité à l'IMT, et d'autre part la présence du CSEM à Neuchâtel. En effet, pour le Prof. Keppner, c'est «l'endroit de la microtechnique par excellence [...], avec tous les contacts et les structures qui existent déjà» et où les acteurs sont les «spécialistes régionaux des microsystèmes» (Dr Jaccard). Or, une des contributions de l'EICN à ce réseau s'exprime à travers la formation, créant la base pour fournir de jeunes ingénieurs par exemple à EM-Marin[19] ou au CSEM. Même si au niveau du programme des cours, on a pu constater un développement spectaculaire depuis 1998, suite à l'ouverture de la salle blanche, sous l'impulsion de certains crédits de la Confédération et du Canton, les cours au niveau des technologies de base sont enseignés depuis presque une dizaine d'années.

A la question de la contribution de l'EICN à l'émergence des microsystèmes en Suisse, son directeur, le Dr Jaccard, répond avec modestie: «On n'a pas joué un rôle important, je dirais qu'on a pris le contour pour être en mesure d'être un acteur significatif encore assez tôt – si je fais une comparaison nationale.» Néanmoins, l'Ecole a joué un certain rôle puisqu'elle a établi des liens étroits avec des entreprises régionales technologiquement avancées, allant des travaux de diplôme au partenariat industriel, tel que le demande la CTI.

Réseaux de connaissances

En ce qui concerne les relations avec les institutions universitaires et les entreprises privées, plusieurs réseaux de connaissances, présentés par la suite sous ce point, peuvent être identifiés entre l'EICN et d'autres acteurs actifs dans le domaine des microsystèmes. En plus, à côté du réseau déjà en place, certaines tentatives supplémentaires de mise en réseau ont été faites.

19 EM Microelectronic, une compagnie du Groupe Swatch, à proximité de Neuchâtel.

Ainsi, la CTI a lancé en 1998 un appel pour une organisation en réseau de manière à créer des compétences disponibles dans l'ensemble du pays[20]. C'est au travers de cette nouvelle structure «réseaux de compétence nationaux» (OFFT, 2001a et 2001b) que l'EICN a soumis, pour le domaine des microsystèmes, un premier projet avec le NeuTechnikum Buchs. Ce projet a finalement été rejeté. Une restructuration du réseau prévoyait ensuite non pas des échanges entre les HES, mais une structure verticale incluant l'IMT, le CSEM, les deux écoles polytechniques et l'ensemble des HES. Cette action portant le nom de «Collectif de projets microsystèmes», conçue pour fédérer tous les acteurs du domaine dans le but de créer des synergies, aurait probablement été une action ponctuelle limitée dans le temps (5 à 10 ans) si elle n'avait pas été refusée lors des négociations de janvier 2002 à Berne. A noter que cette proposition (qui était indépendante du «Pôle microtechnique»[21] réunissant l'EPFL, l'IMT et le CSEM) se trouvait en dehors du contexte des pôles nationaux de recherche issus du Fonds national, où il y avait déjà une première proposition au niveau des universités (IMT, EPFL et CSEM), mais qui a également été rejetée.

Par ailleurs, le Collectif de projets microsystèmes[22] avait prévu trois sources de financement: le FNS, la CTI et la réserve stratégique de la HES-SO. Cette dernière constitue un fonds pour l'encouragement de nouvelles activités au niveau des HES et des cantons qui les pilotent, pour attribuer des compétences aux écoles uniquement en Suisse romande. Comme les frais pour la technologie lourde sont très importants en microtechnique, la réalisation d'un tel projet uniquement entre les HES serait impossible, d'où la nécessité d'un partenariat avec l'EPFZ, l'EPFL et l'IMT afin de mettre les complémentarités à profit: le rôle principal des HES serait du «packaging». Prévoyant, entre autres, un Executive Board et un secrétariat assumé par la FSRM, l'idée du Collectif était de guider et de conseiller les PME, et ensuite de définir au sein

20 Cf. Message FRT du Conseil fédéral (1998): chapitre 143 (HES), Développement de centres (réseaux) de compétences nationaux.

21 Cf. 3.1 (CSEM), Réseaux de connaissances.

22 Appelé «Collectif» par la suite.

du réseau comment faciliter le transfert de technologie[23]. A souligner que ce Collectif n'aurait que complété le financement de la CTI à travers ses projets.

Sur le plan européen, la collaboration en réseau se fait par exemple avec la Franche-Comté (France) dans le cadre du programme INTERREG de l'Union européenne. L'EICN participe essentiellement à un projet dans le domaine «micro» lié plutôt à la caractérisation. En récupérant du matériel que l'Université de Neuchâtel a cessé d'utiliser pour la physique nucléaire – un accélérateur de particules qui a été transformé ensuite par l'Ecole en un outil surtout d'analyse – l'EICN a pu développer un Centre d'analyse par faisceau ionique (CAFI). C'est ainsi qu'un financement de type INTERREG (existence d'un fonds commun avec la Franche-Comté) a pu être déclenché, contribuant à mettre en place un réseau de partage de compétences en caractérisation et en analyse. Les partenaires concernés sont l'Université de Franche-Comté et l'EICN avec son centre d'analyse, actif depuis trois ans. Du côté suisse, on trouve les chercheurs du CSEM, de l'IMT, de l'EPFL et de l'EMPA (Laboratoire fédéral d'essai des matériaux et recherche), qui deviennent des partenaires utilisateurs. Il s'agit ainsi d'un service au centre de la recherche, mais également d'une prestation pour une quarantaine (actuellement) d'entreprises qui sont des clients réguliers.

Dans un deuxième volet, il existe une collaboration intense avec l'EPFL (Prof. Renaud), où il s'agit d'installer un microfaisceau (imagerie avec un diamètre d'environ 50 nanomètres), pas seulement pour faire des images, mais aussi pour usiner (micro-usinage). L'entretien et le financement du centre sont garantis partiellement par des clients et à travers l'EMPA qui y laisse faire des analyses (car l'Ecole possède le «statut EMPA»). Ce sont donc des projets directs mandatés, mais aussi des projets CTI qui contribuent au financement du centre. De plus, le Canton assume également une partie du financement. Même si cette structure a bien fonctionné au départ, à l'avenir, il faut envisager un financement à travers les clients. En effet, comme l'Ecole commence à s'intéresser aux nanotechnologies, des contacts avec d'autres entreprises et d'autres instituts en Europe ou dans le monde sont en train de se créer.

23 A côté de l'Executive Board et du secrétariat (management), un Industrial Advisory Board et un Scientific Advisory Board auraient fait partie de l'organisation.

Le passage au statut de HES s'est fort bien passé au niveau formel, et pour les collaborateurs et surtout les étudiants. La participation de ces derniers à des travaux de développement avec les industries et à des projets de recherche conduit à l'embauche des étudiants. De plus, en invitant les entreprises à s'exprimer sur le profil des ingénieurs en microsystèmes dont elles ont besoin, l'Ecole s'efforce de «former l'étudiant selon les besoins des entreprises» (Prof. Keppner). L'Ecole dispose d'une marge de manœuvre suffisante pour ajuster son programme de cours et répondre aux demandes de l'industrie pour les travaux de diplôme. Pour le Prof. Keppner, cet ensemble constitue «la manière dont il faut réagir face à la crise économique: là, on offre directement des prestations, des technologies, ça fonctionne assez bien [...] [et] c'est très peu bureaucratique».

De sa propre initiative, l'EICN a d'ailleurs également la possibilité de proposer des travaux de diplôme, même si cela n'est pas directement compatible avec le «menu» offert par la CTI. En effet, la CTI exige clairement un partenaire industriel, ce qui complique évidemment la réalisation d'un projet, si on veut acquérir des compétences dans un domaine où il n'y a peut-être pas directement un client derrière. Mais c'est dans ces cas-là que la réserve stratégique des HES-SO entre en fonction[24]. Les projets Microtherme et Elypsométrie représentent deux exemples de projets qui n'auraient pas été financièrement réalisables sans cette réserve, car ils se trouvent justement à mi-chemin entre le FNS, pour lequel c'est trop appliqué, et la CTI, pour laquelle ce n'est pas assez industriel. L'existence d'une multitude de réseaux, comme le CCSI (qui touche aux microsystèmes, à la micromécanique, à la micro-électronique, etc.) ou MICROSWISS Network, crée ainsi un «overlap» de plusieurs réseaux différents qui offrent finalement un ensemble d'occasions d'échanges et de contacts nécessaires à la levée de financements.

24 Pour préciser, la réserve stratégique est coordonnée dans les différents centres de compétence des HES en Suisse romande. Par exemple, le Prof. Keppner fait partie du CCSI, qui tient une fois par mois une réunion sur les stratégies et la conduite du réseau interne avec deux représentants de toutes les HES de Suisse romande. C'est à ce moment-là qu'un projet peut être soumis à un comité stratégique qui examine la question de sa compatibilité avec les intérêts du réseau. Ensuite, il est transmis à la HES-SO pour discuter son fondement et préciser le financement par le Centre.

L'Ecole est également intégrée à un réseau de formation. Grâce à la FSRM, il y a tout un réseau à travers ses cours, où l'on trouve aussi des professeurs de l'EICN parmi les enseignants. Au niveau universitaire, dans le cadre de la formation postgrade, BENEFRI (le réseau des Universités de Berne, Neuchâtel et Fribourg) offre un programme en science des matériaux appelé «Advanced Materials – Science and Technology», où des professeurs de l'EICN donnent des cours en technologies couches minces. Concernant la «question politique» de la participation souhaitée des étudiants des HES, il a été précisé qu'ils s'inscriraient comme auditeurs dans une des trois universités et que la question de la reconnaissance serait à régler avec les responsables de leur HES. A noter que ce programme fonctionne sur la base du système de crédits ECTS (European Credit Transfer System), en place à l'EICN depuis 1996 et en route dans les universités.

Un premier bilan dressé sur les relations entre HES, EPF et universités au cours de ces cinq dernières années permet au directeur de dire qu'«un très, très grand chemin [...] a été parcouru», tout particulièrement en ce qui concerne la complémentarité entre les deux structures universitaires. En effet, sur le terrain, la répartition des tâches entre universités touche plutôt à la recherche fondamentale, alors que le travail des HES est davantage orienté vers la recherche appliquée. Pour le Dr Jaccard, l'idéal est d'avoir pour les HES des relations de partenariat avec les universités et les EPF même si la part de recherche fondamentale est importante dans un projet. Car c'est ainsi qu'«on apprend à se connaître», c'est-à-dire en ayant déjà été partenaires sur un certain nombre de projets.

Concernant les relations de l'Ecole avec les entreprises, en particulier avec les PME, plusieurs moyens existent pour établir des contacts. Même si les projets en commun avec les entreprises constituent un «outil important», ce sont surtout «les professeurs eux-mêmes» qui sont à la base des relations[25]. Ainsi, dans plus de la moitié des cas, le premier

25 Lorsqu'un professeur cesse son activité à la HES (généralement en raison de la retraite), l'EICN ne cherche pas exactement le même profil, mais essaie plutôt de favoriser des compétences de la région, de manière à miser davantage sur ses compétences. Ainsi, elle parvient à créer des complémentarités avec les autres hautes écoles de la région et à renforcer ses propres compétences.

contrat industrie-école se fait au travers des compétences d'un professeur. Puis il y a les différents centres de compétence des HES, tels que le CCSI où il s'agit d'«être une adresse pour les entreprises» et de diriger les entreprises vers la personne spécialisée au sein du réseau. C'est en effet à travers ces centres de compétence que la HES-SO a su tisser des collaborations étroites entre ses laboratoires et les professeurs. A côté de ces centres, il existe d'autres canaux, tels que les publications, l'Internet ou la participation à des concours, où l'Ecole met en évidence ses compétences. Les start-up et spin-off forment évidemment une cible intéressante, «mais laborieuse», pour faciliter le transfert de technologie.

FSRM et CSEM

D'une manière générale, le dialogue entre l'EICN et la FSRM peut être considéré comme étant «très étroit» (Prof. Keppner). A côté de la participation des collaborateurs de l'EICN aux cours offerts par la FSRM, notons, par exemple, la présence du directeur de celle-ci à la commission économique du CCSI, ce qui de toute évidence resserre les liens entre les deux institutions. Dans le cadre d'un projet INTERREG en microtechnologies (capsule intelligente) avec la Franche-Comté (collaboration entre l'EICN, l'EPFL et l'Université de Franche-Comté, le CETHEOR[26] et l'Hôpital de Strasbourg), la FSRM a joué un «rôle de coordinateur très efficace» (Dr Jaccard), permettant ainsi l'avancement du projet. Des liens avec la FSRM existent également dans le cadre de projets européens ou d'autres services offerts par celle-ci. Puisque l'Euro-Guichet (Euresearch)[27] à Neuchâtel est géré par la FSRM (sous mandat de l'Université de Neuchâtel), l'EICN entre en contact avec elle quand il s'agit de soumettre des propositions de projets.

La fonction d'aiguillage des entreprises, soit vers les HES, soit vers les universités, ne semble toutefois pas être attribuée à la FSRM. En effet, cette fonction a été plutôt prévue dans le cadre du Collectif de projets microsystèmes. L'idée était de créer une «porte d'entrée» (Prof.

26 Centre technique de l'industrie horlogère de Besançon.
27 Euresearch est une entreprise du Réseau suisse d'innovation SNI-RSI et travaille sur mandat de l'OFES. Sa mission est de développer l'accès à l'information des programmes européens pour les institutions de recherche et les entreprises suisses, et d'encadrer les partenaires suisses dans ces projets.

Keppner) avec un secrétariat, pris en charge par la FSRM. En établissant un système de complémentarité entre les hautes écoles et en renforçant la connaissance du Collectif vers l'extérieur, ce dernier aurait pu avoir sa propre identité, «non pas par école, mais par projet: qui sait faire quoi» (Prof. Keppner).

Les rapports entre l'EICN et le CSEM peuvent être caractérisés aujourd'hui de la façon suivante: «C'est un peu épisodique parce que le CSEM a tendance à changer de structure très souvent» (Dr Jaccard). Ainsi, par exemple, après la construction de liens très forts dans le domaine optique, le CSEM (Neuchâtel) a supprimé le département en question. De même, des liens très forts ont été construits dans le domaine des matériaux, où une convention (PRéCIS) avec un groupe «Matériaux» du CSEM (s'appelant Hall régional de compétence en ingénierie de surfaces) a été conclue. Pourtant, quelques mois plus tard, le CSEM (qui était un «partenaire important» dans la mise en œuvre du CAFI) a supprimé les activités de ce groupe. Il existe des relations avec le CSEM autant à Neuchâtel qu'à Zurich (secteur des capteurs / caméras CCD, etc.), mais il n'existe pas encore de grands projets communs. Il en va de même pour la nouvelle succursale du CSEM à Alpnach (près de Lucerne) en microrobotique. Dans ce dernier domaine, une compétence de longue date à l'EICN, basée sur des projets CTI et devenue stratégique par la suite, commence ainsi à trouver une suite.

Programmes de recherche

Quant aux programmes nationaux et européens de recherche auxquels l'EICN est associée, on peut d'abord mentionner – sur le plan national – le programme d'action micro-électronique Suisse MICROSWISS (1992-1997, projet pilote de la réforme des HES). Selon le Dr Jaccard, «les liens entre MICROSWISS et les écoles n'ont pas été faciles». Comme il s'agit «avant tout d'une activité recherchée par les départements d'économie qui ‹imposent› quelque chose dans le monde de la formation», des «structures spéciales» et des «dialogues compliqués» en ont découlé. Même si le programme a certainement aidé à accélérer la maîtrise de la micro-électronique dans les écoles, «il n'a pas énormément apporté au niveau des liens écoles-industrie», alors que c'était un de ses objectifs.

En plus, la plupart des centres créés dans différents endroits ont fermé ou sont devenus indépendants.

Du point de vue des HES, le programme MINAST, selon le Dr Jaccard, fait également l'objet de plusieurs critiques. A côté de problèmes relatifs à l'existence du programme même, sont apparues des difficultés dans la distribution des ressources à disposition. La seule école d'ingénieurs qui a pu profiter finalement de projets MINAST est celle de Buchs. Il n'est donc pas étonnant que «MINAST est l'exemple même de ce qu'on n'aimerait pas avoir au niveau de projets nationaux» (Dr Jaccard), même si les résultats au niveau des hautes écoles suisses ont été importants – mis à part les HES[28].

Par contre, le programme de technologie orientée TOP NANO 21 constitue, pour le Dr Jaccard, un «premier pas dans une meilleure direction». A côté d'un projet TOP NANO en cours avec le Prof. Renaud à l'EPFL (technologie avec faisceau ionique), un deuxième est en préparation avec l'IMT à Neuchâtel. Par ailleurs, le directeur de l'EICN estime que la barrière entre universités, EPF et HES[29] va disparaître grâce aux nouvelles collaborations qui vont se développer.

Concernant les projets européens, l'EICN participe, comme déjà mentionné ci-dessus, au programme INTERREG. Actuellement, l'Ecole est active dans trois projets, dont un en électrotechnique et non en microtechnique. Dans le domaine de la micromécanique (usinages spéciaux), l'EICN a participé par exemple au programme CRAFT (projet REMATOV) de la Commission européenne, en collaboration avec une institution espagnole, une entreprise française et une entreprise italienne.

La formulation des requêtes constitue une partie démotivante des projets européens. Ainsi, pour faciliter la rédaction d'une demande de projet ou pour aider dans la rédaction de demandes de propriété intel-

28 Pour le Prof. Frosio, ces difficultés étaient certainement aussi dues à la phase de transition (aux HES) dans laquelle se trouvaient les écoles à l'époque. Même si le programme MINAST était très ciblé, il avait encore des aspects de recherche fondamentale. Les projets dans les écoles d'ingénieurs sont pourtant plutôt des projets CTI et donc appliqués. Ainsi, pour accéder à des programmes comme MINAST ou TOP NANO 21, il faut que l'école s'associe avec un professeur ou un laboratoire universitaire.

29 Avec l'émergence des HES, les universités craignaient une réduction encore plus forte des fonds de recherche.

lectuelle (PI), il est prévu de créer, dans le cadre de la fusion avec l'Ecole d'ingénieurs de Saint-Imier, une unité spécialisée au service des professeurs. En outre, selon l'expérience du Prof. Keppner, le choix des partenaires pour des projets européens doit respecter certaines règles non écrites. Pour qu'un projet passe à Bruxelles, il faut toujours créer une «structure nord/ouest, sud/est», de sorte qu'un projet Suisse-France ou Suisse-Allemagne aurait peu de chance de passer.

Remarques

Même si l'EICN n'a pas été en mesure d'être un acteur marquant dans l'émergence du paradigme des microsystèmes en Suisse, l'Ecole a su s'intégrer en tant qu'acteur régional dans le domaine en question. Conformément à la mission des HES de faire le lien entre la théorie et la pratique à travers la recherche appliquée, l'EICN semble constituer un partenaire privilégié pour répondre aux exigences de court terme des entreprises régionales actives dans ce domaine.

1.2 Ecole polytechnique fédérale de Lausanne (CMI)

Entretien avec le Prof. Philippe Renaud, directeur, le 27 septembre 2001.

Descriptif général

Le Centre EPFL de microtechnologie (CMI) est une infrastructure de salles blanches et d'équipements de haute technologie pour la formation et l'expérimentation scientifique destinée aux utilisateurs de microtechnologies. Ainsi, il offre son infrastructure pour l'enseignement, la recherche et l'accès aux procédés microtechnologiques. Sa mission est: offrir une formation initiale et avancée en microtechnologies; offrir l'accès aux équipements scientifiques destinés aux microtechnologies; rassembler, pratiquer et fournir le savoir-faire et les connaissances de pointe dans le domaine des microtechnologies; et finalement faciliter les contacts avec d'autres institutions académiques et centres de recherche en microtechnologie. L'exploitation du CMI est assurée par son staff constitué par un groupe d'ingénieurs et laborantins spécialistes des microtechnologies. Ce groupe assure la disponibilité des équipements scientifiques, évalue, installe et met en fonctionnement les équipements scientifiques de la salle blanche, donne aux utilisateurs la formation sur le fonctionnement des équipements scientifiques, développe, sur demande, de nouveaux blocs technologiques et améliore ceux qui existent, et assiste les chercheurs dans leurs travaux par des conseils en technologie. Les utilisateurs du CMI sont des étudiants du 2e cycle, des doctorants, des chercheurs de l'Ecole et des chercheurs externes à l'Ecole. Parmi les activités principales du CMI, on trouve des travaux pratiques, des projets de semestre, des travaux de diplôme, des travaux de doctorat, des recherches expérimentales liées aux microtechnologies et le développement de techniques et de procédés d'intérêt commun entre l'Ecole et les partenaires externes. L'accès des utilisateurs à la salle blanche est réglementé de manière à promouvoir en premier lieu l'activité d'enseignement, ensuite la recherche, puis la collaboration avec des partenaires externes. Les travaux effectués en salle blanche sont facturés pour toute activité de recherche, interne ou externe. Cependant, les activités liées à l'enseignement sont prises en charge par le CMI[30].

Microsystèmes

Selon le Prof. Renaud, le début de la microtechnique en Suisse romande remonte à environ 20 ans, en parallèle avec la création de l'IMT à Neuchâtel. Dès le début, il y a eu des discussions avec l'EPFL qui offrait l'enseignement et la formation (1er et 2e cycles, formation de base), alors que les projets et les travaux de diplôme se faisaient à Neuchâtel (et aussi à Lausanne). Dans ce dernier centre est dispensée toute la formation en électronique et physique. Ainsi, la formation est assumée à Lausanne et la recherche à Neuchâtel. Par ailleurs, Lausanne s'est spécialisé pendant longtemps en «mécatronique» et Neuchâtel en «microsystèmes / MEMS». A noter qu'il s'agit aussi de l'époque de la création du CSEM et du LSRH (Laboratoire suisse de recherches horlogères), qui ont commencé à travailler dans la technologie des microsystèmes.

Au début des années 1990, lorsque le domaine des MEMS a commencé à prendre son envol, l'EPFL a décidé de ne pas rester en dehors de ce processus pour la recherche. L'objectif, avec l'arrivée du Prof. Renaud en 1993, a alors été d'avoir au moins un professeur pour les MEMS et de s'appuyer pour le reste sur Neuchâtel. Par la suite, la direction de l'EPFL a décidé – en relation avec la préparation et le démarrage du programme prioritaire MINAST – que l'Ecole devait devenir un partenaire important. L'existence d'une base multidisciplinaire, d'une infrastructure importante et la faible capacité de l'Université de Neuchâtel à attirer autant d'étudiants que l'EPFL, voire à attirer d'autres chercheurs

30 Voir http://dmtwww.epfl.ch/cmi.

de l'Ecole à s'intéresser aux MEMS, ont conduit la direction de l'EPFL à construire le CMI pour exploiter justement cette base multidisciplinaire et la présence d'une masse critique suffisante[31].

La construction et le développement du CMI ne se sont pas faits en même temps que le démarrage du programme MINAST en 1996. En fait, la constitution d'un groupe de recherche n'a eu lieu qu'au milieu du PP MINAST, lorsque le crédit accordé était déjà complètement bloqué ou attribué. Par conséquent, le CMI a quand même pu bénéficier de MINAST, même s'il n'a pas eu de projets en raison d'un début prématuré du programme.

Sur le plan national, il s'est alors agi de trouver une bonne coordination et des complémentarités avec le CSEM et l'IMT à Neuchâtel: «éviter de faire un CSEM II ou un IMT II, mais se positionner entre les deux». En fait, si la fonction du CSEM est de «stabiliser l'industrie» (avec des équipements professionnels), l'IMT est un laboratoire très académique avec un accès limité aux utilisateurs. Le concept de l'IMT: des «servicemen», des opérateurs, des ingénieurs et des techniciens qui font le «process», mais où les assistants ne sont «pas trop intégrés». Le CMI, par contre, est un «user's lab», «le seul au monde» qui marche avec des équipements professionnels.

Pour le Prof. Renaud, une organisation parfaite constitue la base de gestion d'un user's lab. Il s'agit de faire le listing des caractéristiques de toutes les machines, de créer des logiciels pour la réservation des équipements (on-line) et de faire le «tracking» de ce qui s'est passé dans le laboratoire à l'aide du log-in de l'utilisateur grâce à une carte à puce qui permet ainsi une facturation automatique sur chaque machine. En plus, il y a un team organisé pour encadrer les utilisateurs, le staff du CMI: 10 personnes (5 scientifiques, 5 ingénieurs et techniciens) qui assurent la maintenance des machines, la formation des utilisateurs et qui donnent des conseils sur les procédés. Mais il y a également des étudiants du niveau 3e année de licence qui entrent dans la vraie salle blanche du CMI pour effectuer des travaux. En fait, une fois que les personnes ont été formées, «on fait confiance» et on assume même le risque d'une mauvaise manipulation, tout en maintenant le personnel du CMI sur place.

31 Par ailleurs, le CMI offre ses services à l'Ecole entière, comme le Centre interdépartemental de microscopie électronique (CIME).

La décision de créer un user's lab a été prise en 1995-1996, suivie d'une phase de préparation de deux ans[32]. Le financement a pu être trouvé à l'intérieur de l'EPFL dans le cadre du budget de fonctionnement courant, ce qui a eu pour conséquence la fermeture d'autres laboratoires de l'Ecole. Il n'y a pas eu de financement direct de la Confédération, car à la même époque existait déjà le plan de construction du bâtiment[33] dans lequel se trouve aujourd'hui le CMI, lieu initialement prévu pour la microtechnique. C'est donc une décision prise par la présidence de l'EPFL une année avant que les travaux ne commencent. A côté du crédit de construction du bâtiment, il y avait aussi un crédit d'équipement qui a été optimisé pour dégager une partie des coûts d'installation du CMI. Jusqu'à présent, l'investissement global en infrastructure et machines s'élève à environ 30 millions de francs suisses.

A remarquer que ce processus s'est effectué avant l'entrée en vigueur le 1er avril 2000 de la nouvelle Loi fédérale sur l'aide aux universités et la coopération dans le domaine des hautes écoles (LAU). Selon le Prof. Renaud, «ce sera plus facile maintenant» de réaliser un tel projet grâce à une autonomie plus grande des universités. Ainsi, l'enveloppe budgétaire accordée à l'EPFL permet de décider plus librement de l'utilisation des moyens prévus dans le cadre de son mandat de prestations et de ses objectifs. Quant au projet CMI, il a été bloqué à plusieurs reprises par la Confédération: il a fallu des expertises intermédiaires, des justifications, alors que les travaux avaient déjà commencé. Il y a eu également des expertises externes uniquement sur le plan technique, des discussions et des blocages sur les objectifs scientifiques et la problématique d'un dédoublement avec le CSEM.

32 Pour se faire une image d'autres «fabs» du même genre dans le monde, des visites ont eu lieu pendant la phase de création du CMI. Ainsi à Stanford (USA), on trouve une «fab similaire, mais moins organisée, sans le même encadrement et non pas avec les mêmes services». Par contre, en Suède ou aux Pays-Bas (à Delft), on trouve une «ligne fermée [...], vous posez votre ordre et attendez la sortie» et donc pas un user's lab. Et au Japon existent «des laboratoires industriels formidables, une qualité inouïe, mais où généralement, les assistants font tout eux-mêmes, où on ne peut pas entrer et où on ne trouve pas la notion de service».

33 A noter que la Confédération a des plans quinquennaux pour la politique des bâtiments.

Après une phase de fonctionnement interne commencée une année auparavant, l'ouverture du CMI aux utilisateurs a finalement eu lieu en 1999. Depuis, il s'agit d'apprendre l'utilisation des machines et de faire entrer les premiers utilisateurs. Les dernières machines de la phase d'installation sont en train d'être installées. Par ailleurs, le crédit d'installation n'a jamais été négocié en bloc, mais a été découpé en trois tranches, dont la dernière pour 2001. Aujourd'hui, comme prévu initialement, le CMI héberge 50 projets, dont la plupart sont des projets de l'EPFL. Ceci ne signifie pas pour autant que 50 personnes se trouvent dans les salles blanches en même temps. Selon les normes, les salles blanches d'une surface de 800 m² peuvent accueillir un maximum de 20 personnes en même temps. Pour le Prof. Renaud, l'utilisation est «bonne et pas encore saturée». Par contre, c'est plutôt au niveau de leur qualité et de leur contenu que les projets peuvent encore progresser. A terme, le CMI pense accueillir au maximum une centaine de projets. Pour l'instant, le CMI lui-même ne dispose pas encore de projets internes, ce qui est prévu pour plus tard. Avec son propre groupe de recherche, le Prof. Renaud exerce lui-même une double fonction. Il est également client du CMI et paie l'utilisation des équipements comme n'importe quel autre utilisateur[34].

Le personnel du CMI est composé de quatre professeurs de l'Institut de Microsystèmes (IMS / DMT) et de plusieurs autres professeurs de l'EPFL. Tous utilisent le CMI de manière intense. En tout, le CMI regroupe une dizaine de personnes – professeurs, directeurs de recherche de l'IMS / DMT, chercheurs en électronique, chimie, biologie, science des matériaux, etc. Quant à la formation du staff, des experts ayant l'expérience des technologies et un background scientifique sont responsables de cette tâche. En général, ce sont des universitaires, dont trois avec un doctorat en microtechnologie, qui forment et conseillent. Ils voient dans cette fonction une orientation de carrière. Malgré le schéma mis en place et le niveau de professionnalisme de la salle blanche, il existe une volonté de la garder «flexible»: chaque semaine, un comité technologique (des scientifiques du staff du CMI) accueille des clients. Ces der-

34 Le premier rapport d'activité du CMI (CMI, 2001) donne un bilan intermédiaire des activités en dressant une liste exhaustive des projets.

niers présentent leurs projets, le comité technologique donne un feed-back et, le cas échéant, le feu vert pour aller travailler dans le CMI.

Les missions du CMI se résument de la façon suivante. Au premier plan, on trouve la formation, en complémentarité avec Neuchâtel. La mission de l'IMT à Neuchâtel est la recherche, celle du CSEM le transfert de technologie et la relation avec l'industrie. L'EPFL est le centre de formation (1er, 2e et 3e cycles), avec le travail de thèse qui est une recherche en soi. En fait, la recherche faite par des doctorants est la conséquence, un «by-product», de l'activité de formation et constitue ainsi la deuxième mission. Finalement, une troisième mission est la fertilisation de la connaissance et le «networking»: des spécialistes de différentes disciplines, provenant également de l'industrie, se retrouvent au CMI. Néanmoins, la mission de l'EPFL diffère de celle du CSEM. La question qui se pose est de savoir comment maintenir en même temps une relation avec l'industrie sans pourtant mettre de l'argent public librement à la disposition des entreprises. La décision prise a donc été de garantir le libre accès et la gratuité uniquement pour la formation des étudiants et de «ne pas rendre des services à l'industrie». Par contre, comme le personnel des entreprises n'a pas accès au CSEM, le CSEM n'étant pas un user's lab, il a été décidé d'accepter que les entreprises se rendent elles-mêmes au CMI avec leur propre personnel. Le but est de remplir la lacune du prototypage dans les microsystèmes et de résoudre le problème de la première série, par exemple en termes de coûts, si on travaille avec le CSEM.

Le CMI a créé un contrat-type pour éviter que les entreprises passent à une production en série dans le laboratoire. Le prix à payer pour l'utilisation du laboratoire correspond à peu près au même tarif que pour les internes, plus un faible coût d'abonnement. Ainsi, une entreprise peut placer une personne pour environ 50 000 francs suisses par année. Aucune priorité n'est donnée. Les utilisateurs doivent s'inscrire et réserver des machines. En effet, il n'existe pas de réservation spéciale, donc pas de garantie d'accessibilité des machines. Autre aspect important: le CMI n'autorise qu'une seule personne par entreprise, avec une limite de 40 heures par mois. Avec ce système, les entreprises sont encouragées à se rendre au CSEM pour la phase suivante de développement.

Pour concilier les aspects public et privé des services offerts, le CMI a essayé d'être «très prudent». Il n'a pas voulu accorder un accès illimité aux entreprises, ni répercuter sur les utilisateurs le coût réel de l'accès au laboratoire, ce qui aurait augmenté le prix de son utilisation. Après tout, la mission du CMI n'est pas de dégager un profit financier. D'autre part, faire signer un contrat à un prix élevé signifie aussi accorder un poids plus élevé à l'utilisation des machines. Un tel système demanderait toute une infrastructure de maintenance avec pour conséquence une augmentation des frais d'exploitation du CMI à reporter sur les entreprises. Pour celles-ci, le recours au CMI serait financièrement lourd.

Concernant la confidentialité du travail effectué, le CMI n'entre pas en matière. «Il n'y a pas de confidentialité», affirme le Prof. Renaud. La confidentialité est le problème de ceux qui viennent dans le laboratoire. Pourtant, un risque dans ce sens n'est pas donné si l'utilisateur ne laisse pas de masques, etc., dans le laboratoire. Dans le contrat avec les entreprises, les produits utilisés sont comptés; il faut payer les wafers, les masques, etc. De plus, il faut suivre une formation offerte par le CMI *(infra)* et avoir des assurances. Quant au droit de la PI, celui-ci appartient à l'utilisateur, sauf convention contraire.

Dès le début, il a été décidé d'instaurer une facturation interne, même pour les services à l'intérieur de l'EPFL, ce qui est nouveau. Le coût de l'utilisation du laboratoire s'élève pour les internes comme pour les externes à 80 francs par heure. Le CMI émet des factures à la fin de chaque mois aux utilisateurs, avec un maximum de 40 heures. La différence pour les internes est qu'on facture au maximum 20 heures, soit 1600 francs. Au-delà, les utilisateurs peuvent continuer à travailler sans frais, de manière à récompenser les utilisateurs intensifs. Ainsi, on arrive à environ 20 000 francs par année pour un projet technologique. En 2001, le CMI a facturé approximativement 300 000 francs suisses, ce qui couvre à peu près les coûts variables, les frais fixes étant pris en charge par l'EPFL[35]. Pour les étudiants qui viennent faire leur travail de diplôme, il n'y a pas de facturation mais création d'un report virtuel au début de

35 A remarquer que du point de vue organisationnel, le CMI représente une entité séparée du DMT: comme il s'agit d'un budget important, il n'a pas été intégré dans le DMT, pour éviter les distorsions et pour bien identifier le montant à disposition par professeur et par étudiant.

l'année qui couvre les dépenses liées à l'enseignement. En fait, comme le travail de diplôme fait partie de la mission d'enseignement, l'EPFL en assure aussi le financement.

Quelques conditions de base doivent être remplies pour pouvoir utiliser les différentes infrastructures du CMI. Ainsi, le CMI s'attend à ce que les utilisateurs des entreprises soient déjà familiarisés avec le travail en salle blanche. Toutefois, tous les utilisateurs suivent une journée de formation et de familiarisation avec le laboratoire. Le CMI organise une journée par mois. C'est la seule formation institutionnalisée que tout le monde suit, même les experts. Un badge permet ensuite d'entrer dans les salles blanches du CMI, mais sans conférer l'autorisation de mettre les machines en marche. En effet, un premier travail est effectué sur chaque machine avec le responsable. Celui-ci va alors donner son accord pour la suite.

En 3e année, tous les étudiants ont l'obligation de suivre un cours en salle blanche. Cette formation facilite d'ailleurs par la suite le travail lié à l'assistanat ou à la rédaction d'une thèse. Par exemple, les étudiants créent eux-mêmes un transistor, et ce sont les professeurs responsables qui doivent fournir les assistants. Une fois par année, les étudiants de la HES du Locle viennent également utiliser le CMI. De nouveau, les professeurs viennent avec leurs propres assistants. Pour couvrir les frais, le CMI demande un prix forfaitaire par étudiant à la HES. Des négociations pour l'utilisation du CMI ont d'ailleurs également lieu avec d'autres HES.

Selon le Prof. Renaud, l'important est de «sensibiliser» les gens à ces technologies et de «promouvoir les MEMS à travers la formation». Le résultat est une démarche «bottom-up», en passant par les relations personnelles, pour stimuler la diffusion de la technologie que représentent les MEMS.

Réseaux de connaissances

Actuellement, il y a une dizaine d'entreprises (start-up) qui travaillent au CMI. En plus de celles-ci, le CSEM est aussi un utilisateur de quelques machines particulières du CMI. Un accord avec le CSEM sur une des dernières machines installées, partiellement financée par le CSEM, fixe la clef de répartition de l'utilisation entre le CSEM et le CMI. De plus, quelques «micro start-up», par exemple des anciens assistants qui approfondissent le projet de leur thèse, font également partie des utilisateurs du CMI.

Dès sa création, l'idée du networking faisait partie des objectifs du CMI. En effet, le CMI cherche à identifier d'autres laboratoires similaires dans le monde pour partager des expériences. Pour le Prof. Renaud, il n'est pas nécessaire que les autres laboratoires académiques fonctionnent de manière identique, mais «le but, c'est d'apprendre des autres». L'idée n'est pas non plus de créer un réseau d'une vingtaine de laboratoires, mais «d'avoir environ cinq partenaires privilégiés», de manière à «avoir le feedback des autres» pour s'améliorer. C'est précisément là que réside l'intérêt de former un réseau qui fonctionne sur la base d'apports réciproques.

Programmes de recherche

Les projets CTI représentent une des possibilités de lancer un projet au CMI sur le plan des différents moyens de promotion scientifiques et économiques. Cependant, il faut relever différents problèmes de compatibilité entre la CTI et la mission du CMI. Même si le financement de la CTI constitue une source importante pour l'EPFL, il faut rappeler que la CTI est une institution orientée vers le transfert de technologie avec un horizon temporel d'un à deux ans. Par contre, l'utilisateur typique du CMI est un doctorant dont l'horizon temps est de quatre à cinq ans. Pour régler et clarifier les difficultés liées à la durée des projets, des discussions ont été entamées entre le CMI et la CTI. A noter que le Prof. Renaud apprécie beaucoup l'approche «bottom-up» et les idées «très en amont» de la CTI, par exemple la nécessité de discuter directement avec un partenaire industriel. Par ailleurs, pour habituer les doctorants de première année aux besoins de l'industrie et à l'organisation du travail à court terme, ceux-ci sont souvent mis sur des projets CTI.

Remarques

En tant que «user's lab», le CMI offre une infrastructure unique dans son genre en Suisse romande pour la recherche dans le domaine des microtechnologies. La mise à disposition des infrastructures est particulièrement intéressante pour les PME qui souhaitent avoir accès aux procédés microtechniques à un coût relativement bas.

1.3 Ecole polytechnique fédérale de Lausanne (DMT / ISR)

Entretien avec le Prof. Hannes Bleuler, le 29 septembre 2001.

Descriptif général

L'Institut de systèmes robotiques (ISR), qui fait partie du Département de microtechnique (DMT) de l'EPFL, est une unité de recherche multidisciplinaire qui travaille surtout dans les domaines de la robotique, de la microrobotique, des micromécanismes et de l'instrumentation de haute précision. Ses principaux domaines d'expertise sont la conception de mécanismes pour les robots parallèles à dynamique et précision élevées, la conception et la commande de paliers sans frottement pour des systèmes de haute précision, la mesure et les dispositifs de positionnement pour une résolution nanométrique, les robots et les systèmes autonomes. L'ISR est composé de six groupes de recherche[36], dont le Laboratoire de micromachines et d'instrumentation de précision placé sous la direction du Prof. Bleuler[37].

Microsystèmes

Même si la microtechnique à l'EPFL a été fondée aux alentours de 1973 par le Prof. C. W. Burckhardt – il s'agissait d'un institut au sein du département mécanique –, la création d'un département de microtechnique (DMT) n'a été effective qu'en 1989. A noter qu'avant le DMT (qui compte aujourd'hui 14 professeurs) s'est créé le département d'informatique, suivi de la section des systèmes de communication.

Une restructuration opérée à l'EPFL a aboli les départements (au niveau recherche et organisation) le 1er janvier 2002. Jusqu'à cette date, il y avait un département pour chaque section. Le but est d'avoir uniquement des sections: quelques instituts sont réunis, d'autres sont séparés, pour

36 Laboratoire des systèmes autonomes, Groupe de systèmes évolutifs et adaptatifs, Laboratoire de micromachines et d'instrumentation de précision, Groupe de robotique de haute précision, Groupe de robotique parallèle et Groupe VRAI (Interfaces basées réalité virtuelle pour la chirurgie endoscopique et la robotique).

37 Cf. http://dmtwww.epfl.ch.

arriver finalement à de grandes facultés et des instituts de taille moyenne.

Réseaux de connaissances

Par rapport aux relations avec d'autres universités, les liens de l'EPFL (DMT) avec l'Université de Neuchâtel et son Institut de microtechnique (IMT) sont d'une importance particulière. Ainsi, au niveau du partage du travail dans le domaine de la microtechnique, déjà avant la création d'un département, il existait des relations étroites avec l'Université de Neuchâtel, dues à la présence du secteur horloger et à la fondation du CSEM à Neuchâtel. A cette collaboration déjà étroite est venue s'ajouter en 1995 la création d'un pôle de microtechnique réunissant l'EPFL (DMT), l'UniNE (IMT) et le CSEM. Différents types de coopération sont à relever: comme les étudiants en microtechnique à Neuchâtel ne peuvent pas obtenir leur diplôme sur place, ils viennent le terminer à l'EPFL; les quatre professeurs de microtechnique de Neuchâtel donnent des cours avancés de spécialisation à l'EPFL. Les deux institutions (EPFL et IMT) sont représentées dans les jurys de doctorat. A relever également la complémentarité des salles blanches entre le CSEM, plutôt axé vers un développement industriel, et l'EPFL, plutôt axé vers la formation (et qui a également construit des salles blanches pour former les étudiants, pour les ingénieurs, mais aussi pour la recherche). Ainsi, en plus d'une coopération étroite concernant le diplôme, il existe également une forte collaboration au niveau de la recherche.

Si l'on s'intéresse maintenant aux relations avec le secteur privé, il n'existe pas pour le Prof. Bleuler de critères de sélection qui pourraient favoriser a priori une coopération avec des PME ou des grandes entreprises établies depuis longtemps. La difficulté réside dans l'équilibre à trouver entre l'aspect scientifique et l'aspect industriel. Autrement dit, il convient de trouver un partage des tâches adéquat entre les EPF (et universités) et les HES.

De manière générale, les relations avec les HES sont complémentaires. Il y a division du travail entre les deux écoles, mais aussi coopération à travers des projets. Par exemple dans le domaine biomédical, les étudiants ont la possibilité d'y participer et de devenir boursiers ou stagiaires.

CSEM et FSRM

Les relations du DMT avec le CSEM et la FSRM sont de diverses natures. Il existe des projets communs avec le CSEM (par exemple dans le cadre de projets CTI). Au niveau des personnes, de nombreux doctorants et ingénieurs de l'EPFL travaillent au CSEM. Inversement, le DMT engage, par exemple comme professeurs, du personnel qui était initialement au CSEM. Dans le cadre des cours organisés par la FSRM qui sont donnés en partie à l'EPFL, des professeurs ou des chercheurs du «Pôle microtechnique», composé de l'EPFL, de l'IMT et du CSEM, donnent et suivent des cours.

Programmes de recherche

Concernant les différents programmes de recherche nationaux, c'est le programme prioritaire MINAST qui a jusqu'à présent la plus grande envergure. L'EPFL, l'IMT et le CSEM ont eu de nombreux projets dans le programme MINAST, composé de 7 modules, dont un sous la direction du Prof. de Rooij (IMT) et deux sous celle de deux professeurs du DMT, le Prof. Popovic de l'Institut de microsystèmes et le Prof. Bleuler. Soulignons que dans le cadre du programme MINAST, ce sont principalement les laboratoires universitaires qui ont pris l'initiative de proposer des projets et, pour obtenir un financement, ont dû chercher des partenaires industriels intéressés.

Pour le Prof. Bleuler, il est difficile de généraliser les résultats du programme MINAST quant à savoir si ce sont plutôt des connaissances de base ou des produits finis qui ont été acquis. Par exemple, un projet de retour de force pour micro-assemblage[38] n'a pas donné des résultats pour le micro-assemblage mais pour la chirurgie, avec une perspective d'application. Ainsi, une start-up a pu être créée dans ce domaine grâce au rôle de catalyseur du programme MINAST (mise en réseau des projets et soutien financier).

Dans le cadre du programme TOP NANO 21, le DMT participe actuellement à de nombreux projets, dont le succès commercial ne peut pas encore être assuré. Selon le Prof. Bleuler, ce programme peut être quali-

38 Il s'agit du projet VIRFORCE – Virtual Reality and Force Feedback in Microsurgery and Industrial Submicropositioning.

fié de «très bon», car il combine les exigences de la CTI, plutôt appliquée, avec celles du FNS, plutôt orienté vers la recherche fondamentale. Il semble pourtant que les conditions initiales fixées par la CTI pour lancer un projet étaient trop strictes, mettant trop l'accent sur des applications. La recherche d'un partenaire industriel pour commencer un projet s'avère difficile pour les hautes écoles, car il n'existe aujourd'hui pas encore de véritable marché des nanotechnologies. La CTI a donc assoupli ses conditions et a modifié sa stratégie, visant des applications plutôt à moyen terme.

Un autre instrument de promotion économique est l'initiative CTI Start-up de l'OFFT qui soutient la création de nouvelles entreprises innovatrices. Pourtant, le label CTI tout seul n'est pas encore suffisant pour un financement complet. Il faut que l'idée de création d'entreprise soit suffisamment portante pour trouver par la suite d'autres financements, tel le capital-risque[39].

Le Prof. Bleuler conclut en disant que les différents programmes de recherche nationaux ont certainement pu contribuer à une coopération plus étroite entre les hautes écoles et les entreprises privées. La CTI et le programme TOP NANO 21, dont les projets sont toujours caractérisés par une participation financière paritaire (50/50) des hautes écoles et des entreprises, ont participé de manière significative au rapprochement entre ces deux acteurs clés que sont les hautes écoles et les entreprises privées. De plus, les aspects organisationnels et administratifs liés à ces projets ne sont pas considérés comme une charge particulièrement excessive par les participants.

Remarques

Active depuis environ trois décennies dans le domaine de la microtechnique, l'EPFL peut être considérée comme un des acteurs clés qui ont contribué à l'émergence des microsystèmes en Suisse. La création du DMT en tant qu'unité propre d'enseignement et de recherche n'a fait que

39 Deux questions complexes qui peuvent émerger pendant la phase de création d'une start-up touchent à la PI et à la prise de participation dans les start-up par les hautes écoles. Tandis que la première est généralement prise en main par les bureaux de transfert de technologie, la situation est moins claire pour la deuxième.

souligner et renforcer la position de l'Ecole dans le domaine des microtechniques au niveau national, voire international.

1.4 Université de Neuchâtel (IMT)

Entretien avec le Prof. Nico de Rooij, le 22 janvier 2002.

Descriptif général

L'Institut de microtechnique (IMT) de l'Université de Neuchâtel (UniNE) a été créé en 1975 au sein de la Faculté des Sciences, dans le but de développer l'enseignement et la recherche en microtechnique. Depuis sa création, l'IMT a mis sur pied d'importantes infrastructures technologiques, notamment le ComLab, géré conjointement par l'IMT et le CSEM, un laboratoire destiné à la recherche en microtechnique (microsystèmes, micro- et nanotechnologies). A noter que le ComLab est également ouvert aux chercheurs et étudiants avancés de l'EPFL et de la HES-SO.

L'Institut compte environ 120 collaborateurs. Ses collaborateurs scientifiques, dirigés par les professeurs et les responsables des groupes de recherche, travaillent principalement dans les domaines des capteurs, actionneurs et microsystèmes (Prof. de Rooij), de l'optique appliquée, du silicium en couches minces / photovoltaïque, de l'électronique et du traitement du signal, et de la reconnaissance des formes[40].

Microsystèmes

L'histoire de la région montre bien que l'environnement y a toujours été très spécifique: il y a toujours eu une activité très industrielle, horlogère à la base, avec toute une industrie d'appui autour. L'adaptation tardive de l'industrie horlogère suisse à la montre à quartz apparue dans les années 1970 a finalement mené à la crise horlogère avec toutes ses conséquences économiques pour la région. Pour remédier à cette situation, de nombreuses initiatives ont été prises, par exemple la promotion économique ou des investissements dans la formation de futurs chercheurs, justement en microtechnique. C'est dans ce contexte que l'IMT a été fondé au sein de l'Université de Neuchâtel pour organiser une formation de haut niveau et pour assurer la relève des ingénieurs ou chercheurs

40 Voir www-imt.unine.ch.

dans le domaine de la microtechnique au sens large, c'est-à-dire dans l'horlogerie, mais aussi dans les domaines clés des télécommunications et du médical. Cette première phase après la création de l'IMT, dont le mérite revient en particulier au Prof. Fausto Pellandini, était évidemment encore très fortement axée sur la micro-électronique. Une autre initiative de l'époque a été la création d'une usine du Groupe Swatch à Marin, appelée aujourd'hui EM-Marin. Au niveau de la formation, le développement de curriculum à l'IMT a commencé avec une activité en micro-électronique, la conception de circuits et le traitement de signaux, suivie par une activité en optique, puis une activité «matériaux». A part la formation à l'IMT, étaient déjà présents à Neuchâtel à l'époque plusieurs laboratoires de recherche industrielle, comme le Centre électronique horloger (CEH) ou le LSRH[41].

L'activité du Prof. de Rooij, commencée au début des années 1980, est plutôt orientée vers les composants périphériques, en particulier la puce micro-électronique, soit le chip classique. En effet, vers la fin des années 1970, l'activité de l'IMT a été axée sur les capteurs, puis les actionneurs. Et c'est après avoir ajusté le nom du domaine de recherche que le terme «microsystèmes» est apparu. Ensuite, après la création, d'entente avec les autres hautes écoles, de cette nouvelle chaire occupée par le Prof. de Rooij depuis 1982, beaucoup de nouveaux domaines de recherche se sont ajoutés, en particulier en mécanique et optique, puis actionneurs.

Pour le Prof. de Rooij, l'évolution du domaine des microsystèmes en Suisse est caractérisée par la continuité et un développement sans ruptures majeures. Un haut niveau de formation et un degré élevé d'activité scientifique et technologique dans ce domaine, conjointement à la présence de nombreuses petites et moyennes industries (PMI) proches du domaine, ont soutenu cette évolution. Au cours des dix dernières années, la création de nouvelles entreprises start-up et spin-off actives dans les microsystèmes illustre bien ce rapide développement[42].

41 Le LRH (Laboratoire de recherches horlogères), créé en 1921 à l'Université de Neuchâtel, devenu le LSRH en 1939, est le premier laboratoire communautaire de l'industrie horlogère suisse.

42 On peut citer, par exemple, la création de plus de dix entreprises spin-off par le CSEM.

Réseaux de connaissances

Si l'on considère les relations avec d'autres institutions universitaires, il faut signaler tout particulièrement «une très forte interaction et collaboration» avec l'EPF de Lausanne[43]. A côté des cours donnés par les professeurs neuchâtelois également à Lausanne[44], les étudiants de Lausanne, vu l'équivalence des diplômes, peuvent faire des travaux et suivre des cours à Neuchâtel et vice versa. Pour éviter les doubles investissements, une certaine coordination a été mise en place avec le CMI. De plus, pour permettre plus de flexibilité dans les relations entre l'IMT et le CMI, un accord concret a été conclu. Il prévoit, par exemple, des tarifs particuliers pour des services rendus à l'IMT.

Quant à la coopération avec les HES, des relations particulières existent avec celles du Locle et de Buchs. Les résultats des travaux effectués dans les différents laboratoires sont mis ensemble pour garantir une coordination entre les résultats de recherche obtenus des deux côtés. Les étudiants des HES sont invités à travailler à l'IMT. Dans le cadre de la création d'un domaine d'encouragement des microtechniques, initialement prévue par l'initiative du Collectif de projets microsystèmes (abandonnée finalement), les HES ont été directement impliquées dans les discussions avec les autorités compétentes à Berne.

Notons que les mandats directs relevant de l'industrie[45] correspondent à 20 à 30% du volume total des projets à l'IMT. Les créations d'entreprises start-up par des doctorants et postdoc constituent également un vecteur important de relations avec le secteur privé. Ayant développé un modèle de travail en tant que laboratoire de l'Institut, l'IMT reçoit de l'industrie des mandats de faisabilité et de démonstration. Ceux-ci peuvent parfois déboucher sur la création de start-up quand le mandataire, une fois les prototypes développés, souhaite passer à une production en série. Par ailleurs, même si la production en série sort des missions de l'université, l'IMT a déjà été fournisseur de chips à volume limité, mais

43 L'IMT collabore aussi avec plusieurs institutions en Europe, dont l'ancienne université du Prof. de Rooij à Twente (Pays-Bas), et aux Etats-Unis.

44 Sous l'égide du Laboratoire commun de microtechnique – EPFL et UniNE (LMT).

45 Parmi les domaines traités dans le cadre de ces mandats, on trouve, par exemple, les secteurs horloger et médical, les télécommunications, l'instrumentation ou l'espace (ASE, NASA).

mis en boîte à l'extérieur de l'Institut grâce à son propre réseau de sous-traitance.

CSEM

En 1995, l'EPFL, l'UniNE et le CSEM ont décidé d'élaborer une stratégie commune et de coordonner leurs activités en créant le «Pôle microtechnique». Dans ce cadre, une convention a été signée en 1998 sur la mise en commun d'un laboratoire lourd destiné à la recherche (ComLab). L'IMT met à la disposition du CSEM ses locaux et équipements de micro- et nanostructuration et assume la responsabilité et la gestion. Durant la même année, une autre convention a été négociée avec le CSEM pour le financement d'un programme de recherche de base, proposé et exécuté par l'IMT. Entrée en vigueur le 1er janvier 2000 pour une durée de deux ans, cette convention essaie de préserver l'intérêt de l'IMT en maintenant son autonomie dans les domaines de recherche en dehors de la collaboration avec le CSEM. Quant à l'intérêt du CSEM, il est de devenir un intermédiaire privilégié mais non exclusif de l'IMT pour l'industrie (Perret *et al.*, 2000, p. 189).

Un budget commun est établi au début de chaque année pour assurer une coordination optimale entre l'IMT et le CSEM dans le développement de leurs infrastructures. Cette mise en commun des ressources par les deux institutions a pour but de faire des investissements communs. Pour régler la question de la propriété, les deux institutions se répartissent les achats d'équipements, sans qu'il y ait une différence pour les utilisateurs du laboratoire.

Relevons que l'IMT est localisé dans deux bâtiments, dont un, l'ancien bâtiment du LSRH, a été racheté par le canton de Neuchâtel. L'autre bâtiment, où se trouve le CSEM, et dont l'IMT est locataire, appartient à la société immobilière SILATECH SA, société anonyme à but non lucratif dont les actionnaires sont le CSEM, le canton de Neuchâtel et l'ASRH[46].

A côté du partage d'infrastructures coûteuses et de la mise en commun de plusieurs laboratoires avec le CSEM, ce dernier finance de nombreux projets de recherche pour l'IMT, également dans le cadre de thè-

46 Association suisse pour la recherche horlogère.

ses. En cas de succès, on peut observer une «transition presque naturelle». En partant d'études de nature encore exploratoire et en passant au niveau du démonstrateur et de l'étude de faisabilité que le CSEM peut suivre, on peut arriver finalement à un développement industriel. De plus, grâce aux laboratoires communs, les étudiants de l'IMT travaillent côte à côte avec les chercheurs du CSEM, ce qui assure aux étudiants et doctorants une formation plus pratique, grâce au contact direct avec la recherche appliquée. Par ailleurs, le CSEM constitue également une source d'embauche directe pour les doctorants ayant achevé leur formation.

Programmes de recherche

Comme les activités de recherche à l'IMT sont fortement appliquées, les demandes de subsides s'adressent plutôt à la CTI qu'au FNS. En dehors d'une participation aux différents programmes nationaux, l'IMT participe dans une large mesure aux programmes européens en relation avec les microsystèmes.

Après une première participation au programme prioritaire LESIT, axé plutôt sur l'EPF de Zurich, l'IMT a participé à de nombreux projets du programme prioritaire MINAST. Ce programme à «vocation nationale» a abouti par la suite à plusieurs start-up dans la région, par exemple Seyonic, Sercalo ou Nanoworld.

Etant donné que «tout est devenu nano» (Prof. de Rooij), il n'y a pas eu de suite au programme MINAST quand celui-ci a pris fin. Effectivement, l'IMT bénéficie également d'un soutien financier par le programme en cours TOP NANO 21. Mais pour tout ce qui est microsystèmes, il dépend pour une très grande partie, avec les projets européens et les mandats directs, des projets CTI «normaux». En fait, la poursuite éventuelle du programme MINAST dépend des autorités compétentes à Berne, en particulier la CTI, qui n'utilisent plus aujourd'hui les «programmes» en tant qu'instruments d'encouragement à la recherche mais les «domaines d'encouragement». Pourtant, un programme avait sa propre direction, son financement et son controlling, ce qui lui conférait un degré d'autonomie élevé. Par contre, un domaine d'encouragement fait partie des organismes existants au niveau de la Confédération, par exemple le DFE avec tous ses offices. Il se peut qu'il y ait un jour dans le cadre de l'OFFT ou de la CTI un domaine d'encouragement portant sur les microtechniques, mais placé peut-être sous le contrôle de Berne. En fait, comme la durée du programme TOP NANO 21 est de quatre ans (2000-2003), on peut s'attendre par la suite à un domaine d'encouragement en micro- et nanosystèmes. Si MINAST était encore «80% micro et 20% nano», les proportions pourraient être inversées la prochaine fois.

L'IMT est très peu concerné par les pôles de recherche nationaux (PRN), nouvel instrument d'encouragement à la recherche du FNS, dotés d'un degré d'autonomie important, car ils sont beaucoup plus orientés vers la recherche fondamentale. Alors que le programme TOP NANO 21 est un programme de recherche plus ou moins appliquée, le NCCR Nanoscale Science à Bâle est quant à lui orienté vers la recherche fondamentale.

Pour le Prof. de Rooij, les programmes nationaux ont contribué de manière importante à renforcer les liens entre l'industrie et les universités, de même que la coopération dans le cadre des programmes de recherche européens fonctionne également «très bien» à l'IMT. En tant qu'institut suisse, sans être dans un pays membre de l'Union européenne, l'IMT peut participer pleinement à tous les projets. De même, les étudiants suisses peuvent aller en Europe se former dans les laboratoires des différents partenaires. Par contre, il est impossible de prendre des initiatives dans un projet ou de prendre sa direction. Par ailleurs, les démarches pour participer à un projet européen ne sont pas «trop lourdes» (Prof. de Rooij). En fait, en cas d'acceptation d'un projet européen, la libération de fonds demandée aux autorités compétentes à Berne, qui financent directement les projets, est souvent plus rapide qu'à Bruxelles. Selon le Prof. de Rooij, cette situation est même plus avantageuse, car en ce qui concerne le budget, la Suisse ne figure pas dans les demandes de subsides à Bruxelles. Pourtant, ce système va changer avec l'entrée en vigueur des accords bilatéraux entre la Suisse et l'UE[47]. La Suisse pourra ainsi devenir «project-leader» et prendre l'initiative de projets.

47 Entrée en vigueur le 1er juin 2002.

Remarques

L'IMT de l'UniNE, institution fortement influencée par son contexte régional particulier, figure, comme le DMT à l'EPFL, parmi les acteurs clés qui, par leur activité de recherche et d'enseignement, ont pu contribuer à l'émergence du paradigme des microsystèmes en Suisse. En complémentarité avec l'EPFL et en tant que «voisin» du CSEM, l'IMT s'intègre harmonieusement dans le paysage de la recherche et de la formation en microtechniques en Suisse romande.

2. Entreprises privées

2.1 Seyonic SA

Entretien avec M. Marc Boillat, président, le 25 septembre 2001.

Descriptif général

> L'entreprise Seyonic (Microsystem Technology for Measurement and Control), fondée en 1998 à Neuchâtel, a commencé son activité en tant que spin-off de l'Institut de microtechnique (IMT) de l'Université de Neuchâtel. Elle est spécialisée dans le développement et la production de systèmes pour la manipulation de microliquides. Ces systèmes, souvent utilisés dans la recherche pharmaceutique et biotechnologique, sont basés sur des composantes micromécanisées à base de silicium (MEMS) et tirent parti de la microtechnique pour contrôler les flux de liquide à l'échelle du nanolitre au microlitre[48].

Microsystèmes

C'est dans le cadre d'un projet industriel de l'IMT (groupe du Prof. de Rooij) et d'une société américaine que l'entreprise Seyonic a pu être fondée – une fois les prototypes développés, la société américaine avait besoin d'une production. Grâce à ce client américain, le financement a

48 Cf. Promotion économique du canton de Neuchâtel: www.ne.ch/promeco (Success Stories, Seyonic). Pour le site de Seyonic, voir www.seyonic.com.

été assuré et il n'y a pas eu besoin de trouver des investisseurs ou du financement externe.

La production de Seyonic est essentiellement sous-traitée dans des industries de la région. Dans le bâtiment même de Seyonic se trouve un laboratoire semi-propre pour les assemblages finaux, les tests, les calibrations et tout ce qui est particulier aux systèmes et produits.

L'entreprise Seyonic compte actuellement sept collaborateurs; un vient de l'EPFL, il a fait ses études en microtechnique, un autre de Zurich (ingénieur mécanicien avec doctorat) et un troisième de l'EICN au Locle. Notons qu'un autre, qui est technicien, est en train de finir l'HES du soir et qu'un dernier collaborateur technique a fait l'ETS (Ecole technique supérieure) et l'EPF en électricité. Les recrutements se sont faits soit par connaissance préalable, soit sur annonces. Lors de sa création, Seyonic occupait trois personnes, dont les deux fondateurs et un ingénieur venu avec eux de l'IMT. Puis l'équipe a été complétée par une personne provenant du milieu industriel, ainsi que d'autres collaborateurs.

Réseaux de connaissances

La relation actuelle avec l'Université de Neuchâtel, par exemple dans le cadre du développement d'un nouveau produit, constitue en fait la suite d'une collaboration commencée depuis longtemps. Afin de maintenir des contacts étroits, Seyonic a continué à collaborer avec l'IMT dans le cadre de plusieurs projets CTI, telle la réalisation de nouveaux développements. Mis à part les rapports avec l'Université de Neuchâtel, Seyonic est également en contact avec les deux EPF à Lausanne et à Zurich. De plus, il y a coopération avec l'EICN au Locle.

Par contre, il y a peu de projets de coopération avec d'autres entreprises, notamment du fait que Seyonic fabrique uniquement des sous-systèmes qui sont ensuite intégrés dans des machines plus complexes. Les clients sont des fabricants d'équipements pour l'industrie pharmaceutique. Seyonic travaille avec eux pour l'intégration des systèmes sur leurs machines, mais ne collabore pas avec d'autres entreprises pour développer les sous-systèmes.

En ce qui concerne la PI, précisons que le produit réalisé pour le client américain diffère quelque peu de celui développé auparavant au sein de l'IMT. Le produit spécifique est livré exclusivement à l'entreprise cliente américaine, mais les technologies sous-jacentes appartiennent à Seyonic et sont offertes à d'autres clients. Pour garder son indépendance, Seyonic maintient ce système également pour les autres produits.

Pour M. Boillat, les deux facteurs les plus importants favorisant la coopération entre universités et entreprises sont la «proximité physique d'une université» et la «connaissance des gens aux différents niveaux». Ces facteurs permettent de partager une même culture et facilitent par exemple la circulation d'information ou l'échange de personnel. Comme les deux fondateurs de Seyonic sont issus de l'IMT, ils ont l'habitude de travailler dans un environnement similaire, par exemple sur des projets CTI ou européens de l'Institut. Ils connaissent les différentes procédures applicables et les personnes clés aux différents niveaux. Dans le cadre des échanges d'étudiants, un stagiaire a été accueilli jusqu'à présent dans l'entreprise.

La coopération universités-entreprises n'offre pas que des avantages. En effet, on peut constater par exemple une certaine lourdeur dans les formalités de mise en place d'un projet CTI, ce qui constitue de toute évidence un frein pour des entreprises non habituées à cette expérience. Une tâche particulièrement difficile est la définition d'un projet qui capte l'intérêt d'un institut ou d'une université. A cela s'ajoute encore la désinformation de certaines entreprises sur les instruments à disposition pour développer un projet. Bien que ces informations existent et fassent l'objet de publications, elles ne sont pas claires pour tous. L'accès aux informations, «savoir qu'est-ce qui est possible et qui fait quoi à l'Uni par exemple», constitue ainsi un élément clé pour les PME.

Par ailleurs, pour les PME, le recours à des services qui mettent à disposition des plates-formes entre universités et industries, par exemple les services offerts à l'EPFL, n'est pas assuré a priori. L'important, c'est la disponibilité des gens responsables d'un certain secteur. La superposition de nouveaux niveaux administratifs ne fait qu'alourdir le réseau en place.

A côté du premier produit développé par Seyonic pour son client américain, l'entreprise participe à un projet qui a débuté à l'IMT en 1992-1993 déjà avec l'Agence spatiale européenne (ASE). Il s'agit d'un projet de développement avec une autre entreprise suisse romande et avec l'EPF de Zurich (groupe de biologie spatiale). Depuis la séparation de l'IMT et la création de Seyonic en 1998, une nouvelle phase de ce projet a été lancée avec les mêmes partenaires.

Dans le cas de Seyonic, il est difficile de préciser la planification dans le temps pour le lancement d'un nouveau produit, car l'entreprise elle-même ne développe que des sous-systèmes et non pas des produits entiers. En général, pour des composants silicium, on peut compter moins d'une année entre la fin d'un projet CTI et l'introduction dans le système. Par contre, dans le cadre de la collaboration avec l'ASE à travers son programme scientifique optionnel PRODEX, il s'agit d'une recherche à long terme, financée en partie par la Confédération. Le but de Seyonic est de consolider ainsi sa base technologique et d'actualiser en même temps le niveau de compétence de son personnel. A noter qu'au sein de l'entreprise, il y a environ une personne (sur sept) à plein temps qui s'occupe de recherche avancée, les autres sont occupées à des projets d'engineering, de développement ou dans la production.

Le réseau des sous-traitants de Seyonic, en partie repris depuis la séparation de l'Université, est relativement dispersé par rapport aux différents services rendus. La présence dans le canton d'entreprises capables d'offrir des services de sous-traitance, en plus d'une ancienne tradition dans les microtechniques, constitue une des conditions nécessaires au développement des microsystèmes dans la région. A noter que pour établir certains de ses contacts, Seyonic s'est également servi du réseau d'entreprises existant au sein de la Promotion économique, programme de soutien du canton de Neuchâtel.

CSEM et FSRM

Par rapport aux relations avec le CSEM et la FSRM, Seyonic suit les activités de ces deux institutions. Aucun projet n'est en cours avec le CSEM, la participation à certains des cours offerts par la FSRM constitue la seule relation avec ces deux institutions.

Programmes de recherche

Comme mentionné ci-dessus, Seyonic a été et continue à être partenaire industriel dans quelques programmes proposés par la Confédération ou européens. Les fondateurs de Seyonic ont participé au programme MINAST alors qu'ils étaient encore membres de l'IMT. Aujourd'hui, Seyonic n'est pas impliqué dans le programme TOP NANO 21. Dans le cadre de programmes européens, Seyonic est partenaire dans le projet déjà décrit avec l'ASE. Pour M. Boillat, la participation à ce programme constitue un moyen pour approcher des partenaires européens. Comme cette relation existait déjà à l'Université, elle a seulement pris une nouvelle forme.

Pour le président de Seyonic, c'est grâce aux projets CTI, par conséquent à l'apport de la Confédération, que la collaboration universités-industrie peut être intensifiée[49]. Un tel projet permet d'abord de faire une étude de faisabilité, des aspects de recherche inclus, à l'intérieur d'une université; puis, jusqu'au produit final, une phase relativement longue est prise en charge par l'entreprise et sa propre infrastructure. Les projets CTI constituent ainsi une opportunité pour une entreprise de pouvoir développer un produit dont le financement n'est pas assuré, en particulier quand des résultats concrets ne sont pas garantis. Pour M. Boillat, il s'agit là d'un instrument essentiel pour maintenir la position d'une PME, dans le processus de développement de nouveaux produits à moyen terme ainsi que dans le partage de risque avec la Confédération. En outre, les projets permettent d'assurer une formation pour le partenaire universitaire. A noter que la contribution de Seyonic aux projets se fait depuis la maison Seyonic même, sans qu'il y ait d'échange de personnel.

Remarques

Seyonic représente un exemple de spin-off de l'IMT qui illustre les liens qui peuvent exister entre une entreprise privée issue du milieu académique et les hautes écoles. L'existence de projets CTI constitue un instrument important, en particulier pour les PME, et favorable pour la coopération universités-entreprises.

49 Dans le cadre des programmes européens, ceci devient moins évident, car il s'agit plutôt de technologie à long terme, moins compatible avec la vision à court terme présente dans les entreprises. Par contre, il se peut qu'il y ait plus d'implication universitaire.

2.2 Colibrys SA

Entretien avec M. Felix Rudolf, Ph.D. en physique, officier en chef technique, le 26 septembre 2001.

Descriptif général

> Depuis le 1er janvier 2001, Colibrys SA, une spin-off du CSEM, est officiellement une entreprise indépendante comptant environ 100 collaborateurs. Son but est le développement, la fabrication, également en sous-traitance, l'achat, la vente et la distribution de produits microtechniques, de microsystèmes (MEMS et MOEMS[50]) et composantes à haute valeur ajoutée[51].

Microsystèmes

C'est au début des années 1980 que le domaine des microsystèmes (MEMS) a été introduit au CSEM, suivi de la mise au point d'un certain nombre de produits au début des années 1990. Le «vrai début», c'est-à-dire la décision du CSEM de monter une fabrication commerciale, date d'environ 1995. L'aménagement du bâtiment nouvellement construit, conçu comme une «fab» industrielle pour les MEMS, a eu lieu finalement en 1999. Toute cette activité au sein du CSEM, qui a permis une croissance du personnel jusqu'à 100 personnes et qui est devenue production de masse, dépassant ainsi la mission du Centre, a été séparée du CSEM le 1er janvier 2001 pour former la société Colibrys.

Après la séparation du CSEM, Colibrys s'est constitué comme un fabricant de composants MEMS, moyen volume, capteurs, actuateurs, puis assemblage, afin de ne pas rester uniquement une fonderie. A noter qu'avec la création de Colibrys, le CSEM a perdu une source de revenu importante allant jusqu'au tiers de ses revenus. Cependant, la séparation a permis de clarifier le rôle du CSEM, qui est une société sans but lucratif exerçant une «fonction de pont» entre la recherche dans les hautes écoles et l'industrie. Ainsi, «le rôle du CSEM n'est pas de rester avec son patrimoine des années 1980, mais de créer du nouveau». Par contre,

50 Micro Optical Electro-Mechanical Systems.
51 Voir www.colibrys.ch.

Colibrys est une société à but lucratif, le but étant un IPO dans quelques années.

Aujourd'hui, Colibrys se trouve parmi les quelques dizaines de fonderies MEMS qui existent dans le monde, avec son propre marché moyen volume, à haute valeur ajoutée et multiproduits. Son objectif est de «mettre en place des technologies sur la base de [ses] plates-formes», s'orientant ainsi vers une offre de «custom technologies».

Avec la séparation du CSEM, les clients ont suivi Colibrys. L'emplacement dans le bâtiment construit par le CSEM est resté le même, mais il est à présent loué par Colibrys. Si Colibrys était d'abord une «filiale à 99 plus x pour cent» du CSEM, l'entreprise a obtenu en 2001 le soutien de cinq investisseurs, dont certains sont des «venture capitalists» (VC) et d'autres plutôt stratégiques, c'est-à-dire avec une fonction qui va au-delà du financement. A noter que le CSEM reste cependant l'actionnaire principal. La Confédération ne fait pas partie des actionnaires; il s'agit donc d'une entreprise «100% privée», même si le CSEM, qui reçoit des financements de la Confédération, a un statut particulier. Le seul accès aux fonds publics reste pour l'instant celui des projets européens, peu utilisés, comme par exemple dans le cadre d'EUROPRACTICE.

La capacité de production actuelle de Colibrys est de l'ordre de 20 000 wafers par an, avec comme but d'arriver au double pour les technologies MEMS. Cette tendance à la hausse de la capacité de production s'inscrit dans le «passage d'un laboratoire universitaire – CSEM, recherche – vers la production». Il s'agit d'une «orientation 90% production» et 10% pour l'engineering, sans activité de recherche au sein de l'entreprise. La ligne de production est actuellement complète avec un travail en trois équipes (3 x 8 en semaine et 2 x 12 heures le week-end). La complexité de l'équipement et la diversification des produits demandent deux lignes de production. L'entreprise s'occupe également du «front-end» (fabrication des wafers) et du «back-end» (assemblage et test), qui constituent deux phases complémentaires. Comme Colibrys ne fait pas elle-même de recherche, l'entreprise fait parfois appel à des chercheurs voisins, par exemple l'équipe du Prof. de Rooij à l'IMT et les chercheurs du CSEM (ComLab) ou des EPF (CMI, etc.). Colibrys profite ainsi de la présence d'un réseau de chercheurs en Suisse romande, ce qui permet un partage du travail aux différents niveaux de développement d'un produit.

Réseaux de connaissances

En ce qui concerne son réseau de connaissances et ses relations avec les différentes institutions universitaires, CSEM inclus, Colibrys est actuellement en train de mettre en place une stratégie de recherche extra-muros avec des partenaires comme l'IMT, l'EPFL ou le CSEM. Colibrys a conclu un contrat de recherche avec l'Université de Neuchâtel (IMT) et différents programmes ponctuels sont en cours avec le Prof. de Rooij. L'entreprise travaille aussi étroitement avec l'EPFL, surtout au niveau de l'utilisation des infrastructures technologiques du CMI. Par ailleurs, si Colibrys n'a pas encore accueilli de stagiaires depuis sa séparation du CSEM (travaux de diplôme), cela est dû à une question de disponibilité.

Dans le cadre de l'initiative EUROPRACTICE, Colibrys participe à des projets proposés par des industriels, par exemple avec l'équipe du Prof. de Rooij à l'IMT, pour effectuer une première phase de faisabilité. C'est seulement par la suite que Colibrys décide de reprendre soit la technologie, soit le produit. Ce schéma a d'ailleurs été mis en place au sein du CSEM, mais Colibrys souhaite l'appliquer d'une façon «encore plus prononcée». En fait, la seule mission de Colibrys est aujourd'hui le développement de produits, alors qu'auparavant la recherche était encore une des missions à l'intérieur du CSEM.

Globalement, la coopération entre Colibrys et les hautes écoles «fonctionne relativement bien» selon le Dr Rudolf. Néanmoins, il apparaît parfois que les universités sont trop «poussées» à faire un travail industriel, la «création» de leur propre PI incluse. La collaboration peut alors devenir plus difficile, si les différents horizons temporels, c'est-à-dire long terme et court terme, sont mélangés. La présence dans la région d'une masse critique de personnes travaillant dans le domaine des microsystèmes aux différents niveaux de recherche, de production, etc. constitue un élément clé pour une entreprise comme Colibrys. Une synergie mutuelle, comme celle déjà déclenchée par le CSEM, par exemple à travers son financement «substantiel» de projets de recherche avec les hautes écoles, est un catalyseur important pour le renforcement des relations université-industrie. Colibrys compte continuer dans cette voie, en favorisant la recherche dans les hautes écoles à travers des projets communs, profitables pour les deux parties.

CSEM et FSRM

Après la séparation de Colibrys du CSEM, qui impliquait un transfert du savoir-faire, des personnes et des équipements, etc., le CSEM est devenu un partenaire de recherches pour Colibrys. Différents projets de recherches sont d'ailleurs prévus.

Les relations avec la FSRM se limitent pour l'instant à la mise en place de cours en commun. Colibrys se sert de l'information mise à disposition par la FSRM, qui est «partie intégrante du networking» de Colibrys, mais il y a peu de contacts opérationnels.

Programmes de recherche

Au niveau des différents programmes nationaux et européens, Colibrys a collaboré par exemple dans le cadre d'un des clusters d'EUROPRACTICE[52] repris du CSEM. Ce programme a pris fin en 2001. Cet instrument a été considéré plutôt comme du networking, c'est-à-dire un «moyen d'institutionnaliser des collaborations focalisées sur un projet donné avec des gens avec lesquels on aimerait travailler». Ainsi, Colibrys a été mis en contact avec TMP et Kymata aux Pays-Bas. En plus, dans le projet en question[53], Colibrys a également collaboré avec l'IMT, surtout pour le design de lentilles, et aussi avec le Léti en France. De manière plus ponctuelle, Colibrys a établi des contacts avec les institutions IMEGO en Suède ou IRST en Italie. Le «résultat» a été la présence de plusieurs clients qui ont fait une pré-étude, par exemple à l'IMT, la réalisation (et finalement la fabrication) ayant été faite chez Colibrys.

Concernant les projets CTI, Colibrys ne se qualifie plus actuellement «comme receveur d'argent CTI». En fait, la firme est en train de mettre en place un projet de recherche avec deux équipes de l'IMT. Mandataire du projet, l'entreprise pourra être considérée comme le partenaire industriel requis dans le cadre d'un projet CTI.

Colibrys n'a participé que marginalement au programme MINAST. Le programme en cours TOP NANO 21 s'adresse moins à Colibrys.

52 Manufacturing Cluster 4 (MC4).

53 Cinq produits dont chacun avec sa propre technologie. Autour des fabricants, il y a toujours un certain nombre de «design houses».

Selon le Dr Rudolf, MINAST (mais aussi TOP NANO 21) était plutôt un projet de recherche «axé sur des universités», ce qui le rend «moins intéressant» aujourd'hui pour une entreprise comme Colibrys. Toutefois, ces programmes aident à trouver des interlocuteurs compétents et à développer des technologies dont Colibrys pourra tirer parti plus tard.

Remarques

Avec comme mission le développement, la production et la vente de produits microtechniques, Colibrys se situe à la fin du processus d'innovation technologique. L'entreprise complète ainsi une chaîne qui commence par la recherche fondamentale et qui passe par la recherche appliquée, pour arriver finalement à une fabrication industrielle.

2.3 Xemics SA

Entretien avec M. Jean-Paul Bardyn, vice-président, Recherche et Développement, le 24 janvier 2002.

Descriptif général

> Fournisseur de circuits intégrés à la demande, l'entreprise Xemics SA, créée en 1997 en tant que spin-off du CSEM et comptant plus de 100 employés aujourd'hui, est spécialisée dans la conception de systèmes analogiques et numériques à faible puissance, de même que de solutions radiofréquence intégrées[54].

Microsystèmes

Plusieurs facteurs ont contribué à la création de l'entreprise Xemics. Ceux-ci sont de quatre ordres: des facteurs externes, soit la pression des clients du CSEM, des facteurs politiques, une redéfinition des objectifs du CSEM, et finalement aussi un choix stratégique du CSEM même.

C'est autour des années 1987-1988 que les clients du CSEM ont poussé ce dernier à se transformer en une société «fabless», mode sur

54 Voir www.xemics.ch.

lequel Xemics fonctionne aujourd'hui. Un réseau important de fabricants s'est créé avec les partenaires du CSEM, mais celui-ci a dû développer par la suite toute la partie «back-end» du traitement. Sous la pression de ses clients, le CSEM a finalement mis en place des moyens industriels permettant aussi de livrer de petits et moyens volumes. Le service de fonderie a été utilisé à travers EUROPRACTICE, ce qui a également permis une mise en contact avec Alcatel-Mitec, par exemple, avec qui Xemics maintient toujours une relation.

Avant l'existence d'EUROPRACTICE (lancé en octobre 1995), le CSEM était encore responsable de «multiprojets» mis à la disposition des hautes écoles suisses dans la technologie SOC-MOS[55]. Deux tendances se sont concrétisées par la suite, dont une plutôt portée vers le développement de produits, l'autre visant les projets de recherche financés par la Confédération, suivis du transfert des avancées techniques dans des projets industriels.

Il est arrivé alors un moment où il y a eu rediscussion des objectifs du CSEM avec la Confédération, avec comme question centrale le «retour» en termes d'emplois et de business. Le CSEM était donc considéré comme une société pour faire de l'essaimage. L'unité la plus mûre, qui comprenait à l'époque la moitié du CSEM, était celle des circuits intégrés. Ensuite se sont succédé deux ans et demi de travaux préparatoires et une phase de fonctionnement en tant que société indépendante, mais encore membre du CSEM. En effet, déjà sous l'impulsion de Peter Pfluger, directeur du CSEM à l'époque, il y a eu une première tentative d'instaurer un modèle économique d'entreprise séparée tout en étant au sein du CSEM.

Ainsi, Xemics a été la première spin-off – mis à part le cas de la revente d'une unité du CSEM. Il s'agissait en effet d'une grande spin-off de 65 personnes. Après une phase de croissance jusqu'en 2000 et un léger recul après l'année difficile de 2001, Xemics occupe aujourd'hui plus de 100 personnes. Elle a donc démarré d'abord au sein du CSEM avec un «fonctionnement virtuel» en conservant l'activité de recherche financée par l'Etat. Puis, la coupure a eu lieu[56]. L'entreprise, créée sans

55 System-On-Chip – Metal-Oxide Semiconductors.

56 En fait, pour M. Bardyn, il existe plusieurs phases d'«essaimage»: «pour vivre, pour exister, j'ai besoin de ma mother company ou mother university», phase de

aucune contribution de l'Etat, a passé un an et demi sous propriété intégrale, mais comme entité séparée, du CSEM (100% d'actionnariat). Vint ensuite un premier tour d'augmentation de capital par différents actionnaires du CSEM. En 1999 a eu lieu la première augmentation de capital faisant intervenir des VC. Depuis cette date, il y a eu deux autres augmentations de capital et Xemics travaille actuellement à la troisième. Aujourd'hui, Xemics est totalement séparée du CSEM, «le CSEM n'a plus un franc de capital chez Xemics», ce qui constituait en fait aussi une volonté stratégique de la part de la direction du CSEM. Donc, depuis avril 2001, «No more CSEM company».

La seule séparation physique du CSEM a été le rapatriement des gens qui faisaient la recherche dans les bâtiments du CSEM. Xemics est locataire du CSEM. Plus personne du CSEM ne travaille dans le bâtiment où se trouve Xemics. Par contre, il y a des collaborateurs de Xemics qui travaillent dans d'autres bâtiments du CSEM. Xemics y possède sa propre zone avec un accès contrôlé qui lui est réservé.

Depuis deux ans, Xemics a mis en place une stratégie de produits standard. En effet, ce changement de «sur mesure» à «standardisation», en passant par plusieurs phases (de multiproduits, multiclients à un mode de fonctionnement ASIC), a été conduit directement par l'arrivée du «venture capital» (VC), afin d'atteindre le plus vite possible l'équilibre («break-even»). Par ailleurs, il faut noter que la séparation a fait que tout un pont d'activités est resté au CSEM, avec tous les financements correspondants. Pour résumer, la stratégie de Xemics, c'est «wireless connectivity» (blue-tooth), en lien avec le CSEM, qui a un projet de recherche important dans ce domaine dans le prolongement de REMOSENS[57], ancien projet du programme MINAST.

Réseaux de connaissances

En ce qui concerne les relations avec des institutions universitaires comme l'IMT et l'EPFL, elles n'ont pas figuré parmi les priorités après

---

liens très forts; puis, il y a la «phase d'adolescence», d'émergence d'idées propres, suivie de tensions; une troisième phase est celle du «divorce» ou de la «rupture», qui peut être assez «saignante»; et finalement, il y a la phase de «reconstruction», donc avec un vrai démarrage sur les coopérations.

57 Low Power Wireless Remote Sensing Microsystems.

la création de Xemics. En fait, comme il existait déjà plus de savoir-faire technique que de compétence commerciale, l'entreprise s'est concentrée plutôt sur la mise en place d'un «esprit customer-oriented». Selon M. Bardyn, il s'est d'ailleurs agi à l'époque d'une grande erreur de donner la responsabilité du marketing aux ingénieurs du CSEM, remplacés par la suite par des personnes externes[58]. En effet, une des difficultés qui en ont découlé concernait la coopération avec le milieu académique. Alors que le rôle de l'université est relativement clair, la relation devient «plus critique» avec le CSEM, qui se trouve «à cheval entre l'Uni et l'industrie». Cette situation ne facilite pas la répartition des rôles dans les relations d'une entreprise comme Xemics avec le CSEM.

Un contact fort de Xemics avec les hautes écoles est établi par le biais de projets de diplôme et de stages à travers toute l'Europe. Conjointement avec la participation aux forums d'étudiants, les projets de diplôme et les stages constituent un moyen d'embauche et de recrutement pour l'entreprise. Un autre aspect dans les relations avec les institutions universitaires est le financement de doctorants dans plusieurs hautes écoles. Xemics apporte un complément au financement qui lui permet aussi par la suite un accès privilégié aux résultats des recherches.

Une institution «assez unique» dans son genre, selon M. Bardyn, est le Parc scientifique et technologique Y-Parc à Yverdon dans le canton de Vaud[59]. Xemics y collabore avec le CETT, le Centre d'études et de transferts technologiques de l'EIVD. Des entreprises comme Xemics servent de support technologique ou d'apport de moyens pour soutenir des projets de PMI et PME en matière de financement, de technique et d'industrialisation. Xemics fournit normalement l'interface fonderie et a déjà réalisé quelques affaires avec des PMI / PME suisses dans la vente de produits standard. C'est Xemics qui construit l'application client et ensuite les PMI / PME jouent le rôle d'«application support». Selon M. Bardyn, l'Y-Parc d'Yverdon «paraît être [...] la structure la plus dyna-

58 A ce sujet un Workshop «High-tech- and Nanomarketing for Scientists and Engineers» a été organisé dans le cadre du programme TOP NANO 21 durant la première moitié de l'année 2002.

59 Société mettant un réseau de services à la disposition des entrepreneurs pour toute question liée au lancement et au développement d'une entreprise ou de l'un de ses projets. Cf. www.y-parc.ch.

mique» dans ce domaine, offrant toute une palette de financements aux PMI / PME[60]. Par ailleurs, c'est aussi un «interlocuteur parfait» pour la CTI quand une PMI / PME cherche à s'associer avec un partenaire académique.

CSEM

Au niveau de la collaboration avec le CSEM, plusieurs projets CTI sont réalisés en commun. Actuellement, Xemics procède même à la redéfinition d'un plan global de coopération avec le CSEM pour arriver à un mode de fonctionnement «en tandem parfait», car «on fonctionne sur les mêmes bases [...], tout est transférable»[61]. A cela s'ajoute l'importance d'une issue industrielle pour le CSEM, assurée par Xemics, car un client industriel du CSEM ne va pas forcément lancer un projet s'il n'y a pas de partenaire derrière pour assurer la production.

Un aspect très important dans les relations entre Xemics et le CSEM est la proximité physique, même si «le mind-set est différent» entre les deux partenaires[62]. Selon M. Bardyn, l'objectif d'une redéfinition de la coopération est d'aboutir à des «super-chefs» provenant de Xemics, donc du côté industriel, et qui vont gérer des projets communs complexes. En fait, il s'agit là d'une démarche volontaire pour relancer toute une mécanique composée de plusieurs phases. La première phase concerne la relation avec l'Université (ici l'IMT) à travers le parrainage de doctorants, en partenariat avec le CSEM, sur des sujets industriels d'actualité afin de trouver un sponsor actif. Cette phase est ensuite suivie de projets de type CTI, des projets «prospectifs» avec la réalisation de démonstrateurs. Et finalement, une phase purement contrainte industrielle avancée qui inclut une phase «risquée» et une phase de transfert, non financée par l'argent public. Il s'agit de clients qui partent sur une démarche d'utilisation de PI du CSEM pour aller dans un système plus complexe, dont le CSEM a

60 Selon M. Bardyn, il n'existe «aucune organisation étatique qui est organisée pour faire ce genre de choses».

61 Mêmes bases CAO (conception assistée par ordinateur), support autour des technologies, bibliothèques, fondeurs, etc.

62 Société à but lucratif vs société à but non lucratif et difficulté dans la définition des rôles, en particulier celui du CSEM qui se trouve entre l'industrie et le monde académique (cf. *supra*).

la maîtrise au niveau du développement et dont Xemics assure la production (figure 5).

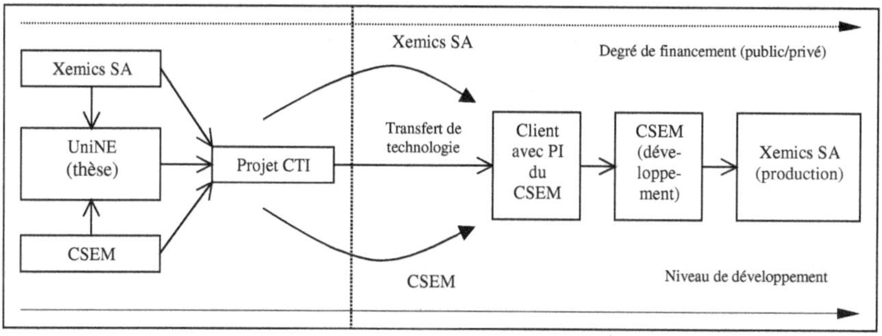

Figure 5. Relations université-industrie-Etat avec transfert de technologie

Au moment de la création de Xemics, on a transféré des licences sur les brevets du CSEM, qui ne peut pas, conformément à sa politique, entrer en matière sur une exclusivité[63]. Dans ces cas-là, Xemics possède des droits d'utilisation libre, mais non exclusifs. Depuis sa création, Xemics a également déposé ses propres brevets. S'il s'agit d'un projet en commun avec le CSEM, cela peut aboutir à une copropriété. Par contre, dans le cas d'un projet CTI, le droit d'utilisation est toujours exclusif pour les deux partenaires.

Pour pouvoir coopérer plus facilement et pour des raisons d'unification des moyens, Xemics partage également avec le CSEM toute la technologie de base, donc bibliothèques, mémoires, etc. Le CSEM a un droit d'utilisation pour ses propres besoins de recherche, soit un accès contrôlé par Xemics mais non limité aux bases de données de Xemics. Par contre, quand il s'agit d'un industriel ou d'un tiers, celui-ci doit négocier l'accès directement avec Xemics. Mais cette négociation se déroule sur une «base assez souple» de confidentialité.

63 En effet, dans le cas de projets financés par l'argent public, y compris la recherche de base, les résultats sont disséminés sur les actionnaires du CSEM.

Remarques

Xemics, un autre exemple de spin-off du CSEM, développe et fournit des produits à faible puissance dans le domaine de la micro-électronique. Or, cette entreprise constitue une issue industrielle pour le CSEM, se situant au bout – comme Colibrys – de la chaîne d'innovation technologique. La proximité physique joue un rôle important dans les relations intenses entre Xemics et le CSEM.

3. Autres institutions

3.1 Centre suisse d'électronique et de microtechnique SA (CSEM)

Entretien avec M. Xavier Arreguit, Ph.D., vice-président senior, Marketing stratégique et Développement Business, le 24 septembre 2001.

Descriptif général

> Le Centre suisse d'électronique et de microtechnique SA (CSEM), dont le siège principal se trouve à Neuchâtel, est une société privée s'occupant de recherche appliquée, du développement de produits, d'études de faisabilité, de l'ingénierie de produits et de la production d'instruments spéciaux. Il est surtout actif dans les domaines de la microtechnique, de la micro-électronique et des systèmes d'informations. Le CSEM développe et exploite des technologies de pointe élaborées avec le soutien de la Confédération, des universités et de ses partenaires industriels. A côté de son centre à Neuchâtel, le CSEM est également implanté à Zurich et à Alpnach[64].

Microsystèmes

Depuis sa création en 1984 par fusion de trois laboratoires[65] provenant essentiellement de l'industrie horlogère – action parrainée par les institutions politiques cantonales mais surtout fédérales – les objectifs du CSEM n'ont pas changé. Il s'agissait surtout de «pousser les microtech-

64 Voir www.csem.ch.
65 Il s'agit du LSRH, du CEH et de la FSRM.

nologies» et de rassembler les efforts pour devenir un «user's lab»[66]. Car à l'époque, ces trois laboratoires avaient des technologies spécifiques dans l'électronique, les matériaux et la micromécanique. On a ainsi cherché à créer une synergie suffisante, afin de développer une plate-forme technologique qui augmenterait la productivité de l'industrie. Or, la mission du CSEM consistait à valoriser le plus possible ces plates-formes technologiques dans différentes industries, en particulier en Suisse, et à aider les PME par des transferts de technologies, mais également par la création de nouveaux produits et de business high-tech en micro-électronique, microtechnique et ingénierie des systèmes.

Créé sous forme de société anonyme, le CSEM compte 69 actionnaires depuis 1994. Alors qu'il s'agissait surtout de sociétés suisses au départ, la plupart des actionnaires font aujourd'hui partie de groupes internationaux, de multinationales, ainsi que de sociétés américaines. Signalons que tous ne sont pas liés à la technologie. Venant également du milieu des banques et des assurances, il s'agit en fait d'un véritable «melting pot» d'actionnaires. Toutefois, il n'y a pas de distribution de dividende aux actionnaires du CSEM: les bénéfices sont réinvestis à l'intérieur pour développer des plates-formes technologiques nouvelles ou pour améliorer les plates-formes existantes. Le but est «d'avoir une fonction publique [...] qui effectuerait de la recherche appliquée, des études de faisabilité et du consulting, du développement de produit, de l'industrialisation, l'engineering des systèmes, de la production et de l'innovation [...] [pour] créer de l'innovation et le transfert à l'industrie existante». Ainsi, par ses missions et sa structure, «le CSEM s'est positionné comme une entreprise qui fait le lien ou le pont entre la recherche universitaire ou les instituts de recherche d'un côté et l'industrie et les investisseurs de l'autre».

Quant aux relations avec l'industrie et les instituts de recherche, elles se traduisent souvent par des études de faisabilité et des études sur les technologies du futur. Cependant, le transfert direct des résultats de la recherche universitaire vers l'industrie s'avère souvent difficile, demandant généralement une étape importante de développement et d'industrialisation. Il faut préciser que quand on parle de «recherche de base»,

66 A noter toutefois qu'ici «user's lab» ne signifie pas accès à des personnes de l'extérieur comme c'est le cas au CMI (EPFL).

visant à trouver une nouvelle solution, il s'agit typiquement d'études prévues pour 10 à 20 ans. Par contre, quand il s'agit de recherche appliquée, qui consiste avant tout à développer des plates-formes technologiques, on cherche à avoir des solutions dans les 4 à 5 prochaines années. Le CSEM constitue donc ce pont entre la recherche universitaire (recherche de base) et l'innovation (mise sur le marché de nouveaux produits). Essayant de diminuer la distance entre université et industrie, compte tenu de la vocation de l'université, c'est-à-dire «d'abord former des gens puis créer du savoir», le CSEM est précisément là pour transformer ce savoir en un produit.

Le personnel du CSEM est principalement composé de chercheurs, de commerciaux, de personnel de production et de techniciens. Selon le type d'activité, il y a environ un tiers d'experts, titulaires de doctorat, et un peu plus qu'un tiers de chercheurs et de scientifiques. Sur le tiers restant, un peu moins de la moitié sont des gens du marketing et du service administratif et le reste des techniciens, par exemple pour la production.

Le CSEM a développé toute une série de solutions technologiques dans de nombreux domaines[67], remplissant ainsi une partie de sa mission. Néanmoins, lorsqu'on traverse «le pont» avec des idées et des technologies, au moment où la technologie devient mûre, il ne s'agit plus d'investir dans le développement de nouvelles plates-formes technologiques ou solutions, mais d'investir dans les moyens de production. Or «le CSEM évite d'investir dans les moyens de production». Bien qu'il fasse des petites et moyennes séries, il préfère mettre l'argent dans le développement de nouvelles et futures plates-formes. En plus, investir – du point de vue d'un investisseur externe – dans le CSEM n'est pas intéressant, puisqu'il ne distribue pas de dividende. Par ailleurs, sa structure au niveau des actionnaires est «bloquée», car le besoin en capital est couvert.

67 Travail dans l'industrie de contrôle, les machines-outils, l'électronique de manufacture, l'enseignement, le médical, les logiciels, les télécommunications, l'automobile, l'environnement, la fabrication de montres, l'aérospatiale, la robotique, etc. Exemples de plates-formes technologiques: micro-optique, microfluidique, micromagnétique, micro-assemblage, micromécanique, micro-électronique, biochimie, nanotechnologies, technologie des surfaces, technologie de l'information / des systèmes, etc.

Par contre, il s'agit de trouver des investisseurs externes pour créer de nouvelles sociétés, des spin-off.

De cette manière-là, il a été décidé de créer par exemple l'entreprise Xemics avec des investisseurs externes, d'augmenter par la suite son capital et donc de diluer la participation du CSEM. A noter que le CSEM était actionnaire à 100% au début, mais a vendu finalement toutes ses parts. En fait, selon le cas, le CSEM peut vendre toutes ses actions ou attendre. Un autre exemple est le cas de Colibrys. En arrivant aux limites de ses moyens de production, le CSEM a décidé de créer Colibrys SA. Microsens a été la toute première société créée, en 1990, lorsqu'il a été décidé d'arrêter la recherche dans le domaine concerné. D'autres exemples de création de sociétés sont Photronics, une joint venture avec une société américaine qui a repris une technologie du CSEM, et CSEM Instruments (devenu CSM Instruments en 2002). En 2000, la création d'entreprises s'est accélérée pour arriver à quatre nouvelles sociétés. Pourtant, selon le Dr Arreguit, ce processus peut être qualifié de «normal», puisque la création de plates-formes technologiques prend facilement 10 à 15 ans pour arriver à maturité. Puis, il y a eu la création de l'entreprise UdiTiS. Il s'agit de l'externalisation (out-sourcing) de l'activité «technologies d'information / systèmes d'information» suite à une demande extérieure de plus en plus pressante. Heptagon est une joint venture avec une société finlandaise, basée sur une technologie du CSEM Zurich. Autres sociétés issues du CSEM: Zentronica (créée avec une fondation qui a mis de l'argent pour développer des activités en Suisse centrale[68]), AVALON, POSIC, PhotonFocus (start-up), Xemtec (start-up commercialisant des appareils OCR[69]), SPECTROsolutions (start-up), SPACE-X (microcaméras et exploitation de l'espace), et d'autres à venir. A noter que toutes ces entreprises ont été créées en Suisse – ce qui remplit la «mission suisse» du CSEM –, mais en principe le Centre est également ouvert à d'autres pays.

68 Ce qui est d'ailleurs aussi la raison pour laquelle CSEM Alpnach, près de Lucerne, a été fondé, de manière à créer de nouvelles sociétés dans cette région.

69 Optical Character Recognition.

A rajouter encore à cette liste, la société immobilière et financière Silatech SA[70], créée en 1992 pour maintenir en état toute l'infrastructure des bâtiments du CSEM. Notons que le financement des bâtiments et des terrains a été assuré en partie par des fonds externes, mais tout particulièrement par un soutien de la Confédération, du Canton et de la Ville de Neuchâtel. Pour les bâtiments supplémentaires, après la création du CSEM en 1984, il a également été fait appel à des fonds propres du CSEM, c'est-à-dire des bénéfices de projets industriels.

Pour résumer les deux missions du CSEM, c'est-à-dire le transfert de solutions / transfert technologique et la création de business high-tech / création d'emplois, en termes quantitatifs, on arrive à plus de dix sociétés créées jusqu'à présent. En effet, «le CSEM, il faut le voir comme une sorte de ballon qui se gonfle, qui arrive à une certaine taille, puis ensuite laisse partir des choses et se dégonfle». En 2000, le chiffre d'affaires s'élevait à 65 millions de francs avec plus de 330 personnes. Une année plus tard, il atteint 50 millions de francs avec 260-270 personnes. Quelque 130 personnes sont parties avec la création de Colibrys, mais on a de nouveau embauché environ 60 à 70 personnes supplémentaires pendant l'année. En fait, selon le Dr Arreguit, la «taille optimale» du CSEM se situe «typiquement entre 250 et 400 personnes». En 2001, on trouve donc 270 personnes au CSEM et à peu près le même nombre de personnes dans ses spin-off et start-up, avec un chiffre d'affaires global s'élevant à plus de 100 millions de francs. Le taux de croissance du CSEM (avec ces spin-off et start-up) est d'environ 10% par an, avec une croissance continuelle dès le début. Actuellement, il y a même une accélération de la croissance car le volume d'affaires augmente beaucoup plus vite dans les start-up et spin-off qu'au CSEM.

Réseaux de connaissances

Pour élargir son réseau, le CSEM a déjà créé, à côté de Neuchâtel, deux autres centres en Suisse, soit à Zurich et à Alpnach. En effet, beaucoup d'entreprises avaient plus de facilité à travailler avec le CSEM pour au-

70 Aujourd'hui (2004), Silatech SA constitue un des piliers du nouveau Parc scientifique et technologique Neuchâtel (Neode) qui vise à participer à la valorisation et au développement de la technologie dans le domaine de la microtechnique.

tant qu'il soit physiquement proche. A côté de cette extension au niveau national, l'extension à l'étranger est également en discussion actuellement. Plusieurs pays demandent au CSEM de créer, avec le gouvernement local, des multinationales et/ou des entreprises locales, une structure du type CSEM aussi chez eux – par exemple la Grande-Bretagne, l'Inde, les Emirats Arabes Unis, l'Australie ou les Etats-Unis. Le but est de créer des échanges et des synergies entre les différentes technologies sur place et d'augmenter ainsi le volume d'affaires de tous les centres en même temps. En plus, l'idée est aussi d'augmenter le nombre de technologies à rapatrier en Suisse pour faciliter par la suite l'accès à de nouvelles plates-formes technologiques pour le CSEM en Suisse.

Dans le cadre de ses relations avec d'autres institutions, le CSEM a conclu un partenariat privilégié pour certaines technologies avec le Léti (Laboratoire d'électronique, de technologie et d'instrumentation) à Grenoble (France), qui est un laboratoire public du Commissariat à l'énergie atomique (CEA)[71]. Des modèles de coopération sont également discutés avec le Japon.

En tant que «pont» et pour mieux comprendre quelles seront les technologies du futur, le CSEM garde un pied dans la recherche universitaire. Ainsi, plusieurs personnes du CSEM font partie du corps professoral de l'EPFL, de l'UniNE ou de l'EPFZ. Il s'agit de personnes employées par le CSEM qui passent un certain nombre d'heures par semaine en tant que professeur dans ces institutions, dans le cadre de leur fonction, afin d'assurer un contact permanent avec les étudiants et le monde universitaire en général. Le but est non seulement de transférer des idées, mais aussi de faire venir des étudiants au CSEM, de développer des technologies plus tard et de lancer ses propres entreprises pour concrétiser finalement l'idée de «transfert».

Pour créer un véritable réseau du savoir, le CSEM collabore avec de nombreuses universités suisses mais aussi étrangères. En fait, depuis la création du CSEM, il existe un contrat de prestations quadriennal conclu avec la Confédération, selon lequel (2000-2003) il s'agit de développer, à partir du savoir scientifique et technique de l'université, des plates-formes technologiques qui sont d'utilité publique, favorables à l'innova-

71 Signature d'un accord de collaboration entre le CSEM et le Léti le 13 juin 2001.

tion et à l'amélioration de la compétitivité des entreprises suisses[72]. Le champ d'activité couvert par ce contrat représente environ le tiers des activités par rapport au budget. Le résultat se traduit par des plates-formes, un ensemble de solutions technologiques et de processus, y compris toute la propriété intellectuelle qui appartient au CSEM et est ensuite utilisée pour développer des solutions pour les industries. Par contre, ces solutions-là seront la propriété de l'industriel, puisque c'est lui qui paie pour une solution spécifique. Le droit de licence appartient donc exclusivement au partenaire qui paie pour ses propres applications. Ce champ, des projets industriels qui concernent la production, le développement ou la recherche[73], représente environ deux tiers des activités du CSEM. A noter qu'une même plate-forme technologique peut servir au développement d'autres applications. La plate-forme se trouve au CSEM et est mise à la disposition de tout le monde. Mais c'est de cette manière que le CSEM fait sa «publicité».

Finalement, on aboutit au transfert de solutions high-tech ou de produits, ou à la création d'une start-up, lorsque le CSEM travaille directement avec les investisseurs financiers. Or, il est impossible pour une université d'assumer tous ces rôles. Il faut avoir en même temps des connaissances dans la recherche de base, la recherche appliquée, le développement et même la production y compris le marché.

Bien que le CSEM soit complètement séparé de l'Université de Neuchâtel, il y a partage de certains locaux, en location et sous-location, de manière à ce que les universitaires soient proches du CSEM. Vu cette proximité physique avec l'Université de Neuchâtel, il existe des contrats de collaboration avec l'IMT. Il existe par exemple un programme annuel dans le cadre duquel le CSEM suit une vingtaine de doctorants qu'il sponsorise. Ceux-ci font des travaux au CSEM ou à l'université, mais en lien direct avec le CSEM. Les sujets de recherche sont normalement définis par le CSEM, mais parfois aussi proposés par les étudiants.

72 Cf. article budgétaire 327.3600.108, Centre suisse de recherche en microtechnique (CSEM), Neuchâtel. L'alinéa 2 précise l'intérêt de la Confédération dans l'encouragement de la recherche au CSEM (et à travers la FSRM).

73 En 2000, la répartition entre ces trois catégories était plus ou moins à part égale. Toutefois, après la sortie de Colibrys en 2001, la part de la production est tombée à 5%.

Dans le cadre des différentes collaborations du CSEM, on trouve également le Pôle microtechnique, créé par une convention signée par l'EPFL, l'IMT et le CSEM en 1998. Il consiste à coordonner les travaux de recherche, les domaines de recherche et les investissements dans les recherches microtechniques. Ce pôle comprend plusieurs salles blanches de production, séparées des salles blanches de recherche. La salle blanche de recherche à Neuchâtel est partagée avec l'IMT, les frais sont aussi répartis. De même, on partage aussi des salles blanches avec l'EPFL (CMI). L'idée est de ne pas investir pour les mêmes équipements lourds, mais de partager les équipements spécialisés afin d'obtenir un réseau d'équipements et d'infrastructures permettant une offre de services de fonderie et une palette d'équipements de la plus haute qualité technique.

A noter que ce réseau n'est pas utilisé pour la production commerciale, car il y a une séparation nette entre la recherche et les activités de production dans le cas des salles blanches. La recherche et la production n'ont pas les mêmes exigences par rapport aux machines. Même si les machines sont les mêmes, l'activité de recherche n'est pas compatible avec la nécessité de garantir un rendement de production. Il devient donc nécessaire de créer deux infrastructures avec des équipes et des règles d'utilisation différentes. Pourtant, la plupart des collaborateurs travaillent dans les deux domaines (industriel et universitaire), souvent en parallèle. Ainsi, sur une période de plusieurs mois, une personne peut être sur deux ou trois projets différents.

Pour les entreprises, différentes possibilités existent pour collaborer avec le CSEM. Une entreprise peut lui poser des questions techniques. Dans ce cas, le CSEM va coopérer avec l'équipe enrôlée d'une entreprise cliente. Celle-ci peut poser des problèmes de développement de produit, et dès ce moment le CSEM va travailler avec l'équipe marketing de l'entreprise en question. Ou elle peut poser des problèmes de création d'une nouvelle gamme de produits (nouvelle plate-forme), et dans ce cas, le CSEM va collaborer directement avec la direction ou le groupe d'investisseurs d'une entreprise. Le CSEM peut donc soit produire une solution, et dans ce cas il y aura transfert d'une solution à l'industrie, soit créer un produit, transfert de tous les plans de production inclus, ou encore développer une ligne de production. Dans le dernier cas, la production aura lieu au CSEM pour de petites quantités. Pour des quantités plus grandes, le CSEM peut créer une start-up en faisant appel au capital-risque ou une spin-off avec toute une infrastructure déjà en place; ou bien le CSEM peut transférer la ligne de production sous forme d'une joint venture ou d'une vente si nécessaire. A noter que les clients du CSEM vont des PME jusqu'aux très grandes entreprises. Mais les projets avec les PME sont plus nombreux que ceux des grandes multinationales. Par contre, le volume d'affaires est plus important auprès des multinationales. Celles-ci sont souvent prêtes à acheter des technologies complètes, alors que les PME vont acheter seulement des solutions. Le CSEM compte plusieurs centaines de projets par année.

En ce qui concerne le travail en réseau du CSEM, il est très varié. Le CSEM établit des partenariats avec des investisseurs et facilite ainsi l'accès des clients PME au «venture capital» (VC), en créant tout un éventail de moyens de financement. Mais le CSEM a aussi «un pied dans la recherche universitaire», à travers une collaboration universitaire en réseau, et «un pied dans les industries», grâce au transfert de technologies et à de nombreuses collaborations. Par ailleurs, le CSEM fait également du consulting pour les PME qui demandent à évaluer la faisabilité de technologies ou qui veulent acquérir une nouvelle technologie. De plus, le CSEM travaille en réseau pour la fabrication ou le développement de produits. Des clients s'adressent au CSEM pour mettre en place tout un réseau pour eux.

Programmes de recherche

Concernant la recherche, le CSEM a participé (ou participe toujours) aux différents programmes nationaux. Après le programme prioritaire MINAST, qui s'est terminé en 1999, le CSEM s'est engagé dans le programme TOP NANO 21. De plus, il participe aux projets d'aide à l'innovation pour les PME de la CTI.

Dans le cadre du programme prioritaire MINAST, le CSEM était d'abord coordinateur d'un des modules. Il a ensuite pris la décision de démissionner de cette fonction pour cause de situation conflictuelle. Toutefois, il a continué à travailler dans le cadre du programme MINAST pour divers projets. La continuation avec TOP NANO 21 ne représente pas une part importante des activités du CSEM. En septembre 2001, il n'y avait que deux projets en cours. Dans le cadre de MINAST, il y avait plusieurs projets soumis par le CSEM lui-même, sans compter les projets d'autres partenaires avec lesquels le CSEM a collaboré. Malgré un certain nombre de produits dérivés de MINAST et des résultats intéressants, le Dr Arreguit relève l'importance des moyens financiers engagés par la Confédération. Celle-ci a injecté environ 57 millions de francs, alors que les entreprises ont investi davantage, parfois sans mettre de l'argent directement[74]. Ainsi, «pour voir si un programme comme MINAST a apporté des résultats significatifs, il faut aussi considérer à long terme combien de postes de travail ont été créés et pour quelle durée et quel volume d'affaires généré».

En comparaison avec le programme TOP NANO 21, MINAST était beaucoup plus orienté vers la recherche appliquée et le développement. On s'attend donc à ce qu'il ait, en termes de création de nouveaux produits, plus de succès que TOP NANO 21. Au-delà des nouveaux produits qui vont voir le jour dans le cadre de TOP NANO 21, ce programme va surtout apporter du savoir, c'est-à-dire qu'il comportera plus tard une phase d'incubation qui va porter ses fruits.

Il semble que le paradigme des microsystèmes était déjà bien présent avant le lancement du programme MINAST. Ainsi, son apport à l'émergence du paradigme technologique des microsystèmes en Suisse et au rapprochement entre les hautes écoles suisses et l'industrie opérant dans les microsystèmes a été peu important, voire faible. Selon le Dr Arreguit, il s'agissait plutôt d'une «prise de conscience» des entreprises pour apprendre comment utiliser les résultats en microsystèmes des instituts de recherche et des hautes écoles. En outre, la coopération avec les hautes écoles dans le domaine des microsystèmes existait déjà avant le programme MINAST.

A côté de MINAST et de TOP NANO 21, le programme de projets de la CTI joue un rôle important dans le développement des technologies microsystèmes. Une de ses caractéristiques est qu'il n'est pas défini «d'en haut». Il n'y a pas de domaine d'activité défini: n'importe quelle société qui a des besoins en nouvelles technologies peut solliciter la CTI pour finalement partager les risques et faire «sponsoriser» une partie de son travail. La CTI aide ainsi les sociétés, en particulier les PME, à dé-

74 Rappelons que la participation financière de l'industrie doit être d'au moins 50% par projet.

velopper avec le CSEM un produit, une technologie ou une solution spécifique à leurs besoins. Il n'est donc pas surprenant que le CSEM ait plus de projets CTI, qui existent indépendamment des programmes, que de projets prioritaires[75].

Au niveau européen, le CSEM a fait partie du programme EUROPRACTICE avant de transférer cette activité à Colibrys pour tout l'aspect production. Actuellement, une nouvelle participation au programme EUROPRACTICE, dans des projets-cadres ou des projets soumis avec des partenaires européens sous la forme de consortiums, à l'intérieur d'un nouveau réseau de compétences, est en train d'être discutée. A noter que les projets européens, typiquement dans des consortiums, correspondent à environ 5% des activités du CSEM.

Remarques

Le CSEM est une institution qui sert d'intermédiaire entre la recherche universitaire et l'industrie dans un vaste champ d'activités de l'électronique et de la microtechnique. Son principal succès s'exprime à travers la création d'entreprises start-up et spin-off en Suisse, ce qui correspond à son objectif initial.

3.2 Fondation suisse pour la recherche en microtechnique (FSRM)

Entretien avec le Dr Marcel Ecabert, directeur, et M. Philippe Fischer, Ing. Dipl., directeur adjoint, le 25 septembre 2001.

Descriptif général

La Fondation suisse pour la recherche en microtechnique (FSRM) a été, jusqu'à la modification de son statut en 1978, une institution de recherche. Elle est ensuite devenue un organisme de soutien et de coordination de la recherche et de formation continue. La FSRM offre des services d'appui au transfert technologique, principa-

75 Par ailleurs, ce qui est vrai pour la coopération dans le cas du CSEM vaut aussi pour les hautes écoles (universités et EPF). Les projets CTI leur permettent de pousser en avant certaines recherches jusqu'au point où un résultat puisse être repris par une société pour développer ensuite un nouveau produit.

lement axés sur les besoins des PME. Elle aide surtout ces dernières à participer à des projets coopératifs s'inscrivant dans le cadre des programmes d'encouragement suisses et internationaux. En plus, la FSRM fournit des services d'état-major aux associations professionnelles, groupements et programmes d'encouragement du domaine microtechnique. Finalement, elle gère aussi, sous mandat de l'Université de Neuchâtel, Euresearch Neuchâtel[76], qui fait partie d'un réseau d'échange d'informations sur les programmes et initiatives internationaux.

Microsystèmes

Comme toutes les institutions publiques du domaine scientifique, technique et universitaire, la FSRM est liée à une période de planification de quatre ans, réglée dans le cadre d'un contrat de prestations avec la Confédération. La durée du contrat actuel va de 2000 jusqu'en 2003, pour être renouvelé en 2004, en parallèle avec le CSEM, jusqu'à l'année 2007. Les grandes lignes pour les années 2000 à 2003 indiquent qu'au moins la moitié des fonds attribués doit être utilisée pour la formation continue et le reste, pour des services d'appui aux entreprises et des actions d'information que la FSRM mène ponctuellement.

Du fait que la FSRM reçoit des crédits de la Confédération, elle est «sous la tutelle» de l'OFFT[77]. Deux personnes, une de l'OFFT et une autre de la CTI, suivent donc la FSRM en se référant au contrat de prestations préalablement établi. A noter que le «mécanisme d'évaluation» inhérent est continu pour une période de quatre ans.

Parmi les prestations offertes par la FSRM, on trouve des cours (formation continue), des prestations de gestion, des prestations aux PME et un soutien au montage de projets R&D internationaux. Les cours offerts par la FSRM sont composés de deux programmes. Il y a d'un côté le

76 Entré en fonction le 1er janvier 2002, ce nouveau réseau d'information, privé et indépendant, sur les programmes de l'Union européenne remplace celui des Euro-Guichets. Euresearch est une entreprise du SNI-RSI travaillant sur mandat de l'OFES. Sa mission est de développer l'accès à l'information sur les programmes européens pour les institutions de recherche et les entreprises suisses et d'assister les partenaires suisses dans leur participation à ces projets.

77 Dans le cadre de la réforme de l'administration et du gouvernement, la compétence fédérale pour la conclusion de contrats, p. ex. FSRM et CSEM, a été déléguée à l'OFFT (ACF du 19 décembre 1997). Cf. Conseil fédéral (1999, p. 90 [Formation, recherche, technologie]).

programme des cours d'ingénierie donnés au niveau de la Suisse et de l'autre le programme «Training in microsystems», qui a une envergure européenne. En effet, les cours en microsystèmes représentent l'ensemble des cours du programme EuroTraining pour la formation continue dans le cadre d'EUROPRACTICE (FSRM, 2002, pp. 14-15). Les prestations de gestion comprennent la coordination de projets, l'organisation de manifestations et la fonction de secrétariat d'associations. Ainsi, la FSRM assure, sous mandat, le secrétariat de l'Association suisse de microtechnique (ASMT) et de l'European Frequency and Time Forum (EFTF). Mais la FSRM propose aussi des activités d'aide directe aux entreprises, par exemple dans le cadre de la «Cellule d'appuis aux entreprises» composée d'une douzaine d'anciens responsables de R&D ou de chefs d'entreprises et d'ingénieurs et scientifiques de la FSRM. Parmi les compétences de la Cellule d'appui, on trouve, entre autres, la recherche de partenaires ou la mise en relation avec des consultants du domaine concerné, et la coordination et gestion de projets de coopération (FSRM, 2002, p. 8). De plus, depuis mai 2000, la FSRM est le membre suisse du réseau de transfert de technologie de l'Agence spatiale européenne (ESA-TTN)[78].

L'avenir de la FSRM, qui dépend dans une large mesure du niveau de subventions de la Confédération[79], repose tout d'abord sur la poursuite et le développement de l'offre de formation, qui sera complétée par des moyens multimédias. La FSRM pourrait ainsi devenir un jour une «entreprise de formation continue». A noter que la tarification actuelle prévoit un rabais pour les étudiants et doctorants qui suivent les cours en microsystèmes. Par contre, il n'y a pas de rabais pour les cours en ingénierie. La deuxième catégorie de missions du contrat de prestations constitue la Cellule d'appui. L'objectif est de continuer et de développer ce volet, avec le but en fin de compte «de vivre de [ses] propres moyens». En fait, le «mainstream» actuel au niveau de la Confédération en matière de politique technologique semble passer par les HES, mais elles ne sont pas «équipées» pour remplir toutes les missions de la

78 Pour une description détaillée des activités de la FSRM, voir FSRM (2002).

79 Depuis 1996, la Confédération et les cantons prennent en charge 50% des frais d'exploitation à raison de 25% chacun; les 50% restants doivent être couverts par les recettes sur les prestations fournies.

FSRM. Un autre aspect de l'avenir de la FSRM pourra se présenter sous forme de «partenariat», c'est-à-dire un rapprochement avec des entreprises privées (marketing des microsystèmes, commercialisation, études de marché, etc.), en plus des services d'appui (logistique et administratif). Ce service d'appui pourrait aussi comprendre la sous-traitance de projets, leur coordination, comme déjà pratiquée dans le cadre de projets INTERREG, programme visant à soutenir l'intégration des régions dans l'espace européen.

Réseaux de connaissances

Selon son directeur, les différents réseaux relationnels dont fait partie la FSRM sont surtout constitués de liens personnels à travers ses membres, par le biais des cours offerts par la FSRM (formation continue), grâce auxquels il y a un lien très étroit avec les entreprises, les associations professionnelles et la Confédération. C'est grâce à ce réseau que par la suite les connaissances peuvent circuler.

Dans le cadre de la relation avec l'Université de Neuchâtel, il y a tout d'abord l'importance des connaissances personnelles, mais évidemment aussi les effets de proximité qui jouent un rôle fondamental. A noter que la FSRM était parmi les décideurs qui ont fait venir le Prof. de Rooij à l'IMT. En effet, autour des années 1980, la FSRM essayait d'ouvrir la microtechnique «à autre chose que ce qui était traditionnellement l'horlogerie, et déjà la micro-électronique». C'est donc le Prof. de Rooij qui a apporté un nouveau «contenu» (MEMS) et la FSRM s'est occupée de la mise en place des cours. Le premier cours (EMS-MEMS) ainsi mis sur pied par la FSRM était encore en dehors du programme normal, mais offrait déjà une formation en salle blanche. Aujourd'hui, dans le cadre de ces cours, il existe un réseau d'environ 35 instituts et une soixantaine de personnes (assistants, postdoc, professeurs) chargées des cours et de l'organisation de manière occasionnelle. Le but est alors de «nourrir d'excellents contacts» avec toutes ces équipes de recherche et de les utiliser de deux manières, c'est-à-dire à travers les enseignants et les lieux de cours, ce qui permet d'ailleurs aussi une promotion locale.

Parmi les relations avec d'autres réseaux, on peut également mentionner les liens avec le réseau des Centres relais innovation (CRI) mis en place par l'UE, dont un des points suisses se trouve au Cast (Centre d'appui scientifique et technologique) de l'EPFL. La FSRM y est associée.

La multitude des liens, soit au niveau institutionnel, soit au niveau personnel, dont dispose la FSRM a comme effet qu'elle est «assez souvent considéré[e] comme porte d'entrée» (Dr Ecabert) pour toutes sortes d'établissements. Elle bénéficie d'une «vision très large» sur les différents acteurs dans le domaine. La FSRM joue le rôle de coordinateur entre eux, mais comme il s'agit d'une activité de soutien, donc non visible, il semble que la FSRM n'est pas appréciée par les pouvoirs publics à sa juste valeur. De plus, à côté des liens personnels, ce sont très clairement les programmes d'encouragement dans le domaine de la microtechnique (mais plutôt au niveau régional et non national) qui favorisent la coopération. Par contre, les moyens financiers limités[80], même si la Suisse en est «bien dotée en comparaison internationale», et les structures différentes de l'université et des entreprises (délais) constituent quelques-uns des freins à la coopération.

Programmes de recherche

La FSRM était impliquée dans le programme d'action de l'OFFT (CTI) MICROSWISS (1992-1997), qui avait pour but de promouvoir la microélectronique. Aujourd'hui, chacun des centres MICROSWISS s'est organisé sur une base privée, comme par exemple le centre de la Suisse occidentale à Yverdon-les-Bains (canton de Vaud), qui a créé deux spin-off et a en outre permis de créer des compétences en matière de formation continue au sein de l'EIVD. Dans d'autres cas, les écoles ont repris les centres destinés à encourager la micro-électronique au sein des HES. Le «nouveau» MICROSWISS (MICROSWISS Network) constitue ainsi un «réseau transversal» liant les HES.

80 La CTI, qui permet de résoudre partiellement ce problème, constitue une source importante de financement pour les projets en microsystèmes. Pour le Dr Ecabert, «c'est très bon comme système». Ce qui va encore plus dans ce sens, ce sont les efforts entrepris pour ouvrir les projets CTI aux HES. Ainsi, le problème de timing, à court terme, disparaît, ce qui présente une solution intéressante pour les entreprises. D'un autre côté, ce système peut entraîner une certaine perte au niveau des mandats pour les universités. Il semble d'ailleurs que la rapidité de mise en place (selon les entreprises) de ce nouveau mécanisme n'est pas encore suffisante.

A côté des «Regional Offices» au sein d'Euresearch, les Points de contact nationaux (NCP) fournissent une information détaillée sur les programmes spécifiques. Ils sont regroupés au sein du bureau national d'Euresearch à Berne. Le réseau des anciens «Euro-Guichets» sera maintenu tel quel. Il ne dépendra plus de l'OFES, mais directement d'Euresearch.

Selon l'étude «MINAST Industrial Impact Studie» (COGIT AG, 2001), le programme prioritaire MINAST a contribué à créer des liens entre les différents partenaires universitaires et privés. Néanmoins, force est de constater qu'un grand nombre de projets est resté sans résultats concrets, c'est-à-dire sans perspectives d'application. A noter qu'un groupe de travail formé de quatre professeurs (Collectif de projets microsystèmes) a essayé de préparer une suite de MINAST (et de TOP NANO 21) pour la période 2004 à 2007, mais ce projet a été bloqué au niveau de la Confédération[81].

Selon M. Fischer, à l'avenir, le programme actuel de technologie orientée TOP NANO 21 va trouver sa suite probablement sous forme d'un nouveau programme, comme des projets MINAST ont continué dans le cadre du programme TOP NANO 21. L'éventualité d'aboutir à plusieurs programmes existe aussi[82].

Remarques

La FSRM offre un grand choix de divers services aux acteurs actifs dans les microtechniques. Grâce à son offre très vaste de cours dans ce domaine, la FSRM constitue en plus un organisme important de formation continue.

81 La FSRM a pris la fonction de secrétariat de ce groupe. Elle a préparé une liste des start-up en microtechnologie et travaille sur un inventaire de projets en cours dans le domaine au niveau suisse et européen. La FSRM a pu repérer ainsi 379 (!) projets, ce qui démontre bien «la réalité de ce paradigme» (M. Fischer) technologique des microsystèmes.

82 Ainsi, la suite au programme MINAST (et TOP NANO 21) proposée par le Collectif de projets microsystèmes prévoyait l'exploitation des résultats de MINAST et de TOP NANO 21. Une contribution plus forte de l'industrie fait partie des objectifs.

3.3 Fonds national suisse de la recherche scientifique (FNS)

Entretien avec le Dr Beat Butz, secrétaire scientifique de la division IV, Programmes de recherche, le 21 janvier 2002.

Descriptif général

C'est sur mandat de la Confédération que le Fonds national suisse de la recherche scientifique (FNS) encourage, au moyen de programmes de recherche et en établissant des centres de compétences, la relève scientifique en Suisse et alloue des subsides aux recherches (notamment fondamentales) menées dans les hautes écoles, mais aussi par d'autres organisations. Le FNS est une fondation autonome créée en 1952. Son organe supérieur est le Conseil de fondation réunissant des représentants de la recherche et des milieux scientifiques, de la Confédération et des cantons, ainsi que de l'économie et de la culture. Le Conseil de la recherche comprend quatre divisions. C'est lui qui examine les requêtes de projet et qui décide d'allouer ou de refuser des subsides. Les 15 commissions de recherche, actives sur le plan local, attribuent des bourses aux chercheurs débutants et assistent le FNS dans l'examen des requêtes de subside. Le Secrétariat, qui a son siège à Berne, prépare les dossiers du Conseil de fondation et du Conseil de la recherche, et est compétent pour toutes les questions administratives et financières. A noter qu'en 2000 (2002), le Fonds national suisse a alloué une somme de 360,2 (368,5) millions de francs pour encourager la recherche et la relève. Un peu moins de 40% des collaborateurs engagés dans des projets de recherche provenaient de l'étranger[83].

Microsystèmes

Deux sources de financement existent au sein du FNS, le financement à travers les divisions I, II et III, et les programmes de la division IV[84]. Si une division reçoit un certain projet et s'il existe par exemple en parallèle un programme appliqué dans le même domaine, il y a prise de contact avec l'organe correspondant à l'extérieur du FNS (p. ex. la CTI) pour savoir s'il y a lieu de «passer le projet de l'autre côté». Les programmes de la division IV se composent des Programmes nationaux de

83 Cf. www.snf.ch, Portrait FNS.

84 Division I: Sciences humaines et sociales, division II: Mathématiques, sciences naturelles et de l'ingénieur, division III: Biologie et médecine. Dans le cas des «microsystèmes», la division concernée est la division II.

recherche (PNR), des Programmes prioritaires de recherche (PP)[85] et récemment des Pôles de recherche nationaux (PRN).

En ce qui concerne les microsystèmes en Suisse, on s'aperçoit qu'il y a eu constamment des projets dans ce domaine à la division II et que le premier PNR lancé au sein du FNS était le PNR 13 Micro- et Optoélectronique (durée totale: 1980-1991). Il a succédé du côté du Conseil des EPF au PP Optique (Optique I et II, 1993-1995, 1996-1999), garantissant une certaine continuité des programmes. Pour ce qui est des nanotechnologies, celles-ci ont trouvé leur «début» en tant que Chimie et Physique des surfaces dans le cadre du PNR 24 (1987-1995). Après une prolongation de ce programme, les nanotechnologies ont abouti finalement dans le PNR 36 Nanosciences (1996-2000). Et c'est presque en parallèle qu'a été mis en place le PP MINAST (1996-1999) du Conseil des EPF. L'argument principal d'avoir deux programmes en parallèle était que le PNR 36, doté de seulement 15 millions de francs sur cinq ans, s'adressait davantage aux universités et concernait plutôt la recherche fondamentale, tandis qu'avec MINAST, «on essayait de faire le pont entre les universités, les hautes écoles [d'un côté] et [...] l'industrie [de l'autre]». C'est pourquoi il s'agissait d'«inviter les industries à y participer», ce qui trouve son prolongement aujourd'hui avec TOP NANO 21 (2000-2003), doté de 62 millions de francs et qui est sur le point d'être prolongé. Encore en parallèle aux différents programmes déjà existants, il y a le pôle de recherche national (PRN) «Nanosciences – Impacts pour les sciences de la vie, Pérennité, Nouvelles Technologies d'Information et de Communication» (NCCR Nanoscale Science) sous la direction du Prof. Hans-Joachim Güntherodt (Université de Bâle), qui était déjà le directeur du programme TOP NANO 21.

Programmes de recherche

Si le programme TOP NANO 21 incorpore la coopération entre l'industrie et les hautes écoles à travers des projets communs, le pôle en Nanoscale Science à Bâle a une approche différente. Il s'agit d'aller dans des domaines absolument nouveaux, à travers des approches interdisciplinai-

85 A titre de rappel, mentionnons que les PP (1992-2001) du FNS (et du Conseil des EPF) ont pris fin, remplacés par le programme des PRN.

res associant la médicine, la biologie, la chimie ou la physique. Le concours de l'industrie, son niveau de collaboration ou de contribution, n'est pas encore très marqué, même si on y trouve des partenaires comme IBM. A noter que le FNS a aussi subventionné un projet dans le cadre du PNR 36 et du programme TOP NANO 21, ce qui montre les efforts de coordination des différents instruments à disposition entre l'OFFT (DFE) et le FNS du côté du DFI. Un autre programme du FNS qui touche également le domaine NANO est le PNR 47 Matériaux fonctionnels supramoléculaires (début des recherches en avril 2000)[86]. De nouveau, on trouve deux programmes en cours (PNR 47 et TOP NANO 21) avec des recoupements, gérés de part et d'autre.

A remarquer que le type de relations université-industrie peut varier selon l'instrument utilisé. Dans le cadre des programmes comme MINAST, TOP NANO 21 ou autres programmes du Conseil des EPF, il s'agit notamment de créer «le pont [...] entre l'industrie et les écoles, polytechniques surtout, mais aussi universités», tandis que dans le cadre des programmes gérés par le FNS, pôles inclus, «surtout pour le début, [...] il s'agit tout simplement de favoriser, de subventionner des projets de recherche plutôt fondamentale, de créer aussi une relève[87] dans le domaine qui peut-être n'existe pas encore». Mais c'est précisément cet ensemble qui constitue finalement le «partage des tâches» entre les différents organes responsables de l'encouragement de la recherche.

La coordination entre le FNS et la CTI (OFFT) peut être illustrée par exemple à l'aide de la mise au concours en parallèle du PNR 47 et du programme TOP NANO 21. A l'époque, les deux présidents respectifs, le Prof. Ludi et le Prof. Güntherodt, se sont mis ensemble. Pour identifier les projets concernant les deux programmes afin d'éviter des recoupements, un double emploi et un double financement, il y a eu partage du travail et répartition des projets dès le départ. Aujourd'hui, des invitations réciproques et une information régulière viennent compléter cette coordination. Il faut néanmoins souligner que la coordination entre deux programmes parallèles se fait plutôt au niveau des personnes, sur leur propre initiative, et non pas au niveau des programmes mêmes. Dans le cas précis, c'est encore lors de la mise au concours de ces deux pro-

86 Programme orienté vers la chimie, mais recoupements avec TOP NANO 21.
87 Cette relève comprend le financement de doctorants et de postdoc.

grammes qu'on a échangé des projets. Par contre, pour d'autres programmes, il n'y a pas eu le même type de coordination. Cependant, dans le cadre du PNR 36 par exemple, il y avait aussi des experts qui étaient impliqués en même temps dans des commissions du programme TOP NANO 21 et qui indiquaient à la division IV du FNS où il fallait mettre les accents. Il faut encore ajouter que la division IV a plusieurs niveaux de prise de décision. Les responsables des programmes doivent répondre à la question de la coordination, des doublons, etc. Ils cherchent ainsi dès le départ l'institution «adverse» (OFFT ou FNS) pour régler ces questions et pour recevoir finalement une réponse favorable de l'institution responsable.

Il y a donc un contrôle presque systématique, surtout pendant la phase préparatoire d'un programme, pour savoir si un projet n'a pas été soumis ailleurs. Une difficulté qui s'ajoute pourtant est celle des critiques de la part de la sphère politique pour la mise en place des programmes. Par exemple, le pôle en Nanoscale Science a été évalué à plusieurs reprises avant que soit discutée au niveau fédéral, par le DFI et le DFE, la question de l'insertion de ce pôle dans le paysage suisse de la recherche. Ainsi, la coordination s'est d'abord faite au niveau du DFI, qui a dû répondre aux Chambres à des questions de politique de la recherche et qui a aussi décidé de ces pôles, et non pas au FNS, qui a pris des décisions du point de vue scientifique.

Il faut rappeler que pour mieux coordonner les deux départements fédéraux responsables en la matière, c'est-à-dire le DFI et le DFE, un premier message relatif à l'encouragement de la formation, de la recherche et de la technologie pour les années 2000 à 2003 a été élaboré en 1998. Un deuxième message pour la période 2004 à 2007, qui explique la stratégie du Conseil fédéral en la matière, a été préparé conjointement par les deux départements[88] en 2002.

Par ailleurs, pour justifier la succession des différents instruments et programmes en faveur de la recherche ou pour mettre en place d'autres programmes de recherche, une évaluation de ceux-ci devient nécessaire.

88 Message relatif à l'encouragement de la formation, de la recherche et de la technologie pendant les années 2004-2007 (Message FRT 04-07).

L'évaluation des PP en tant qu'instrument a eu lieu une fois[89]. Actuellement, c'est le lancement (en 2001) des PRN qui est en train d'être évalué, et c'est dans quelques années que l'impact de cet instrument sera évalué pour justifier sa suite. L'évaluation des pôles pris individuellement a lieu chaque année par des «review panels» internationaux, des experts internationaux qui sont invités et qui font des visites sur place. Il faut bien distinguer ici entre deux différents niveaux d'évaluation, c'est-à-dire une fois par rapport au programme (son contenu) et une fois par rapport à l'instrument lui-même. L'évaluation dans le cas des PRN sera probablement organisée par le Groupement de la science et de la recherche (GSR) au DFI. Déjà pour l'évaluation des PP dans le passé, on a composé un groupe international de personnes ayant une expérience dans la gestion de programmes de recherche dans différents pays voisins de la Suisse. Il s'agissait d'un travail basé sur différents rapports intermédiaires et principalement des interviews à plusieurs niveaux, avec des chercheurs impliqués, l'industrie, des partenaires du terrain, le public cible, mais aussi des parlementaires. A noter que les critères d'évaluation sont discutés non seulement au sein du FNS mais également à l'extérieur, normalement au Groupement de la science et de la recherche[90].

La mise en place de différents instruments de coordination entre le DFI (FNS) et le DFE (CTI) répond en fait à un certain besoin et n'a pas été décidée «d'en haut». Au contraire, elle a été proposée par les institutions elles-mêmes afin de garantir une meilleure coordination. Ainsi, à côté du comité de pilotage, on trouve au sein de la division IV (PNR, PRN) du FNS un délégué permanent de la CTI (côté économie) qui participe régulièrement aux discussions. De même, il y a deux délégués permanents du FNS à la CTI. De plus, pour garantir un lien plus direct avec le marché et pour assurer un certain transfert d'informations, une réunion entre le FNS, surtout la division IV qui est la plus proche de l'industrie, et la CTI a lieu une fois par année. A noter qu'on trouve des

89 Cf. *Evaluation des programmes prioritaires*, Rapport du groupe d'experts international Bieri, août 1994, Berne, disponible auprès du Conseil suisse de la science et de la technologie.

90 Un autre organe discutant des critères d'évaluation est le Conseil suisse de la science et de la technologie (CSST).

personnes qui sont là avec «différents chapeaux», des gens qui se déplacent d'une institution à l'autre[91].

En outre, pour lancer un programme orienté, il faut d'abord avoir atteint une certaine maturité scientifique dans un domaine concret et être arrivé à un certain potentiel de chercheurs en Suisse. C'est donc à cette fin-là que le FNS intervient d'abord à travers ses projets de recherche fondamentale. Et c'est dans une deuxième étape qu'intervient un programme beaucoup plus ciblé, pour arriver finalement à des applications commerciales. On peut ainsi citer des programmes comme MINAST, TOP NANO 21 et le PNR 36 Nanosciences qui expriment la complémentarité entre le FNS (recherche fondamentale) et la CTI (recherche appliquée).

Pour assurer une coordination des différents programmes suisses au niveau international et en particulier européen, le FNS dispose d'une «antenne» à Bruxelles appelée SwissCore[92]. Ce bureau assure des contacts entre la Suisse et d'autres institutions et pays européens, permettant ainsi au FNS de suivre de près les grandes lignes de la politique de la recherche sur le plan européen. Par ailleurs, pour avoir une bonne connaissance des actions menées au niveau international et pour pouvoir trier ce qui est intéressant pour la Suisse, on trouve des comités de direction ou des groupes d'experts qui sont composés de Suisses et d'étrangers. Enfin, il ne faut pas oublier que lorsqu'on lance un programme national, le FNS doit procéder à une étude de faisabilité répondant à la question de ce qui se passe au niveau international, en particulier européen, et de la contribution spécifiquement suisse issue du programme.

En ce qui concerne les finances et la répartition du financement entre les différentes divisions du FNS, on constate un certain élargissement de la division IV suite à l'introduction du programme des PRN en 2001. Même si la répartition générale des ressources correspond à environ 80% pour la recherche fondamentale et 20% pour la recherche plus ou moins appliquée, cette clé de répartition peut changer avec l'introduction des

91 Un exemple: le représentant de la CTI au FNS est le Prof. Ghisalba, directeur du PP Biotechnologie (1992-2001). Pour faire connaître la biotechnologie en Suisse, ce programme a été initialement géré par le FNS, avant de devenir un domaine de recherche fortement appliqué de la CTI.

92 A signaler que SwissCore fait partie du réseau Euresearch.

pôles. En effet, dans le cas des pôles, le FNS n'a pas précisé de thèmes, les chercheurs étant très libres dans la proposition des sujets[93].

Remarques

Le FNS et la CTI constituent les deux institutions principales responsables de l'encouragement public de la recherche en Suisse. Les instruments à disposition à cette fin comprennent une grande palette de programmes de recherche, d'un côté plutôt fondamentale (FNS), de l'autre plutôt appliquée (CTI). Un défi important est la coordination entre ces deux institutions, plus précisément la concordance des programmes de chacune dans un certain domaine. Il s'agit d'éviter des chevauchements en garantissant en même temps la continuité dans le passage d'un programme de recherche de base à un programme de recherche appliquée.

93 Par ailleurs, l'intention du FNS est de créer jusqu'à 20 pôles. Actuellement, il y en a 14.

Conclusion

Dans cette dernière partie, les grandes lignes des résultats de recherche sont mises en évidence ainsi que quelques aspects sur le développement futur du sujet. Les questions posées aux différents acteurs actifs dans les microsystèmes en Suisse romande ont d'abord porté sur les «microsystèmes» en général, puis sur les réseaux de connaissances existant entre ces différents acteurs, troisièmement sur les relations avec le CSEM et la FSRM en particulier, et finalement sur l'apport général des programmes nationaux et européens dans le domaine des microsystèmes.

1. Microsystèmes

A côté de sa longue tradition dans le secteur de l'horlogerie, le développement de la recherche dans le domaine des microsystèmes dans les différentes institutions publiques et privées en Suisse romande a été souvent lié à la présence de compétences déjà bien établies, soit dans le domaine même des «microtechniques» comme dans la région de Neuchâtel, soit dans des domaines au moins partiellement liés aux microtechniques comme la mécatronique à l'EPFL. Des facteurs comme l'existence d'un environnement multidisciplinaire et la présence d'une masse critique d'activités de recherche ont par la suite permis un développement encore plus approfondi du domaine.

La poursuite du développement des microsystèmes, particulièrement marquée à Neuchâtel, le souhait collectif de coordination et de coopération des différents acteurs publics mais aussi privés du domaine ainsi que la complémentarité recherchée des missions des hautes écoles (EPF, universités, HES) entre elles-mêmes et avec l'industrie privée, ont pu contribuer à l'émergence du paradigme des microsystèmes en Suisse romande, soutenant en même temps son développement futur. Par ailleurs, la contribution des HES, grâce à leur compétence spécifique dans le court terme, leur recherche et développement orientés vers le marché complétant l'orientation à moyen et long terme des institutions universitaires, est particulièrement importante dans le domaine du transfert régional des connaissances.

Même si pour la production de masse de microsystèmes (ou MEMS), la Suisse joue probablement un rôle mineur, sa position dans la recherche en microsystèmes est qualifiée de bonne en comparaison internationale. Ainsi, la Confédération met à disposition chaque année plus de 30 millions de francs suisses pour la recherche en micro- et nanotechnologies et dans des domaines voisins, ce qui représente les dépenses par habitant les plus élevées au monde (SWX Swiss Exchange et Swiss Technology Consulting Group AG, 2001, p. 31)[1]. En outre, le fait que la Suisse ne soit pas membre de l'Union européenne ne semble pas constituer un véritable désavantage en termes d'accès aux programmes, de mobilité des chercheurs et de financement, ni pour les institutions universitaires, ni pour les entreprises privées.

2. Réseaux de connaissances

Différents types de réseaux de connaissances existent dans les relations entre l'industrie, l'Etat et les hautes écoles, qui peuvent conduire finalement à une production de savoir. A côté des réseaux à l'intérieur de chaque acteur institutionnel, par exemple entre l'EPFL et l'UniNE, les trois acteurs se trouvent dans des réseaux basés sur des relations réciproques. Les relations peuvent être formelles, comme dans le cas de la convention entre le CSEM et l'IMT, ou informelles, par exemple grâce aux nombreux liens de la FSRM. De plus, ces relations peuvent être durables, comme dans le cas du Pôle microtechnique, ou limitées dans le temps, par exemple dans le cadre d'un projet CTI ou d'un programme du FNS. On rejoint ainsi le schéma de Leydesdorff et Etzkowitz représenté à l'aide du modèle de la triple hélice des relations université-industrie-

1 A titre comparatif, les dépenses publiques dans le domaine des micro- et nanotechnologies aux Etats-Unis et en Allemagne s'élèvent respectivement à 422 millions de dollars et 15 millions d'euros par année (SWX Swiss Exchange et Swiss Technology Consulting Group AG, 2001, p. 31).

gouvernement, constitué de réseaux trilatéraux et d'organisations hybrides.

Comme cette étude a tenté de le démontrer, il existe une grande diversité de canaux de relations formels et informels, durables ou limités dans le temps, entre les différentes institutions actives dans le domaine des microsystèmes en Suisse romande, qu'elles soient publiques ou privées. La présence de réseaux de natures diverses – réseaux de formation, réseaux de recherche et réseaux de services de fonderie – est à la base des interactions de types différents entre institutions complémentaires.

Cette complémentarité à des niveaux différents joue ensuite un rôle essentiel dans le développement des microsystèmes dans la région. En matière de formation, il y a complémentarité entre l'EPFL, l'UniNE, l'EICN, la FSRM pour la formation continue et le CSEM pour une formation sur le tas. Il y a complémentarité en matière de recherche entre l'EPFL, l'UniNE, l'EICN et le CSEM. Et il y a complémentarité également des services de fonderie entre le CMI, le CSEM et une entreprise telle que Colibrys. La transformation d'une idée en un produit commercialisable passe ainsi par les différentes phases nécessitant différents types de personnel, d'activités et d'environnements de recherche, sans qu'il y ait friction dans la transition entre ces phases. Or, cette transition se fait presque «naturellement».

Par exemple, le partenariat formel au niveau de l'enseignement entre l'IMT, plutôt orienté vers la recherche, et l'EPFL, plutôt orientée vers la formation, confirme bien la complémentarité entre ces deux institutions dans le domaine de la formation et de la recherche. Comme les étudiants en microtechnique peuvent ou même doivent – pour ceux de Neuchâtel – suivre des cours et effectuer des travaux dans les deux établissements, l'échange des étudiants entre les deux écoles se trouve stimulé. La mobilité existe également au niveau des enseignants: les professeurs de l'IMT donnent des cours avancés de spécialisation à l'EPFL. A ce partenariat entre l'IMT et l'EPFL se joint encore le CSEM pour former le Pôle microtechnique, dont le but est de préparer et de mener des recherches en commun, en développant au sein de chaque institution des centres de compétence scientifiques et technologiques spécifiques. Dans ce cadre, le CSEM suit aussi des diplômants et des doctorants qu'il sponsorise. Egalement du côté des HES, orientées vers la recherche appliquée, les étudiants viennent pour se former dans les universités et les EPF, où les professeurs HES donnent aussi un certain nombre de cours.

Un autre réseau au niveau suisse et même européen s'est créé à travers les cours organisés par la FSRM, rassemblant le secteur industriel, le milieu académique et de nombreux enseignants provenant de toute la Suisse et d'ailleurs en Europe.

A côté des mandats directs, les projets effectués en commun constituent incontestablement un moyen fondamental pour créer des liens entre le secteur privé et les hautes écoles actives dans les microsystèmes. C'est grâce à de tels projets, subventionnés par des moyens publics ou non, que des personnes de différentes institutions se sont mises ensemble et ont commencé à se connaître. Conformément à l'idée même du network, chaque acteur peut ainsi s'adresser librement à l'un ou l'autre des acteurs du réseau pour se servir des connaissances ou des services des autres.

Pour générer une «culture» de relations entre le milieu académique et le secteur privé, la création de start-up et de spin-off s'avère effectivement un élément important. Pour le secteur privé, des contacts réguliers à travers des projets de diplôme et des stages ou la participation à des forums étudiants, constituent d'autres occasions de garder ou tisser des liens avec le milieu académique. En même temps, il s'agit là d'un moyen de recrutement pour les entreprises privées, mais apparemment peu exploité en Suisse romande.

La mise en place de structures nouvelles de coopération entre les hautes écoles et l'industrie est souvent perçue par cette dernière comme peu utile, en particulier si une telle décision est imposée par le haut («top-down»). Rajouter par exemple un niveau administratif supplémentaire ne ferait probablement que compliquer les structures de coopération déjà en place. De plus, la Suisse a une longue tradition de privilégier l'approche «bottom-up». Or, il peut être surprenant que des tentatives de mise en réseau avec un soutien public par les hautes écoles ne trouvent pas l'accord des autorités fédérales compétentes.

Parmi les facteurs représentant des freins à la coopération entre les hautes écoles suisses et l'industrie opérant dans les microsystèmes, on retrouve la problématique de la différence des missions entre les universités et les entreprises privées. La conséquence est un conflit dû à la différence en termes d'horizon temporel, c'est-à-dire le long terme vs le court terme. Cependant, les HES peuvent constituer un remède efficace contre cette difficulté des délais, puisqu'elles s'inscrivent dans une optique de recherche appliquée. Le délai entre les projets déposés auprès des institutions publiques compétentes et le transfert effectif de fonds constitue souvent un autre frein.

En résumé, on peut dire qu'on arrive à identifier plusieurs réseaux liant les différentes institutions actives dans le domaine des microsystèmes en Suisse romande. Ces réseaux se recoupent souvent, c'est-à-dire qu'on trouve de nombreux acteurs qui sont impliqués dans différents réseaux en même temps. L'importance des effets de proximité géographique pour la mise en place des réseaux et des relations dont l'université est partie intégrante est primordiale. La présence d'institutions charnières comme le CSEM au niveau «hard» en tant que laboratoire de recherche ou la FSRM orientée vers les services au niveau «soft», joue un rôle de catalyseur pour les coopérations entre les différents acteurs actifs dans les microsystèmes, pas seulement en Suisse romande, mais également au niveau national, voire international.

3. CSEM et FSRM

Les relations des différentes institutions publiques et privées actives dans les microsystèmes en Suisse romande avec le CSEM et la FSRM peuvent être qualifiées d'une manière générale de bonnes et étroites. Remplissant des fonctions d'intermédiaire, le CSEM fait le pont d'une part entre la recherche universitaire ou les instituts de recherche et, de l'autre, entre l'industrie privée et les investisseurs. Quant à la FSRM – à côté de son offre de services en formation –, elle joue plutôt un rôle de coordinateur entre les différents acteurs opérant dans les microsystèmes et s'occupe de la promotion de la microtechnique en général.

En plus, la complémentarité, par exemple au niveau des infrastructures, des institutions universitaires et des entreprises privées (spin-off) avec le CSEM, grâce à leurs missions distinctes, s'avère généralement importante et utile pour tous les acteurs impliqués. Le CSEM et la FSRM constituent ainsi deux anneaux vitaux d'une chaîne, dont le début correspond à une «simple idée» et la fin à un produit commercialisable. Afin de répartir le mieux possible les ressources à disposition et pour éviter le gaspillage, les différents acteurs essayent de concentrer et d'harmoniser leurs efforts, pas seulement au niveau des achats d'infrastructures, mais également à celui de l'organisation. Les spin-off du CSEM ne font qu'élargir et enrichir les réseaux déjà en place, offrant par exemple un autre type de service de fonderie dans le cas de Colibrys.

4. Programmes nationaux et européens

Il existe toute une gamme d'instruments utilisés par les pouvoirs publics, souvent en parallèle, en faveur de l'encouragement de la recherche, comme le montrent les différents programmes de recherche qui existent sur le plan national, mais aussi européen. Conformément aux besoins des acteurs dans le domaine des microsystèmes, différentes possibilités se présentent aux hautes écoles et aux entreprises privées pour démarrer ensemble un projet, qu'il soit du côté de la recherche fondamentale, sous le patronage du FNS, ou du côté de l'application, donc placé sous la responsabilité de la CTI. L'instrument utilisé détermine ensuite le degré de participation de chaque partenaire au projet en question.

Selon le niveau de développement d'un certain domaine de recherche, différents programmes peuvent être employés et adaptés à son évolution, ce qui peut constituer un enchaînement de programmes allant du simple projet au programme d'envergure nationale. Ce processus ne s'inscrit pas seulement dans une optique de complémentarité et de coordination, mais également dans une volonté politique de contribution suisse à la recherche dans une phase de démarrage.

Du côté du secteur privé, il faut souligner l'importance de la CTI en tant qu'institution qui représente souvent une porte d'ouverture aux universités pour les entreprises privées, et dont les projets fournissent généralement un moyen important de financement et aussi de formation pour les PME. Par ailleurs, les projets CTI entre les HES et les entreprises privées permettent de surmonter le problème du timing. Comme les HES sont orientées vers les applications à court terme, elles semblent être un partenaire bien adapté aux besoins du secteur privé.

Même si les différents acteurs actifs dans les microsystèmes affirment en général l'importance de la contribution des grands programmes d'envergure nationale comme MINAST à la coopération université-industrie, quelques critiques sont à relever. De plus, pour garantir une meilleure compatibilité entre les différentes actions publiques en faveur de la recherche fondamentale et de la recherche appliquée, et pour éviter un «trou» entre le FNS et la CTI, la création d'un organe intermédiaire par les deux départements fédéraux responsables en la matière, le DFI et le DFE, pourrait s'avérer utile. En fait, le risque couru par la Confédération est de créer une lacune sur le plan politique et dans l'organisation de la recherche, c'est-à-dire plutôt fondamentale ou appliquée.

La coordination d'un programme national comme MINAST ne devrait pas se faire uniquement par rapport à d'autres programmes parallèles de recherche fondamentale ou appliquée. Elle devrait également intégrer des investissements importants en infrastructures réalisés dans le domaine des microsystèmes, afin d'améliorer l'efficacité de la réalisation des programmes. En outre, pour éviter une définition précipitée du profil des domaines de recherche et l'attribution trop rapide des différents projets d'un programme, tous les acteurs concernés devraient être consultés et régulièrement tenus au courant de leur mise en œuvre. Ceci permettrait aussi d'éviter une définition trop «top-down» de nouveaux programmes dans le domaine. Enfin, pour bien juger l'impact, l'évaluation des différents programmes ne doit pas seulement tenir compte des moyens mis à disposition pour leur réalisation, mais aussi en attendre les effets à moyen et long terme.

Si certains acteurs privés regrettent que les programmes de recherche au niveau national soient parfois trop axés sur les institutions universitaires, ayant les caractéristiques d'une recherche de base à long terme, ces programmes permettent néanmoins aux entreprises d'avoir des interlocuteurs intéressants et peut-être des technologies à exploiter par la suite. De cette étude, il ressort aussi que ce sont plutôt les hautes écoles elles-mêmes qui prennent l'initiative de lancer un projet au sein d'un programme et non pas les partenaires industriels. De même, il apparaît que les programmes européens, dont les requêtes à formuler – comme pour les projets nationaux d'ailleurs – s'avèrent souvent difficiles, ont également souvent des caractéristiques d'une recherche fondamentale et contribuent à mettre en réseau les différents partenaires et institutions.

L'existence des réseaux de connaissances identifiés est à la base de la genèse de toute une série de transformations économiques et sociales permettant une organisation équilibrée et presque «naturelle» des acteurs opérant dans le domaine des microsystèmes en Suisse romande. La présence de réseaux de différentes natures et d'institutions «intermédiaires» ainsi que la complémentarité des institutions, enrichie par la proximité physique, ont permis aux microsystèmes un essor particulier dans la région.

Même si le poids économique de la Suisse, lié à sa taille modeste, reste limité, et malgré – ou grâce à – une concurrence forte entre les différentes régions à l'intérieur du pays ainsi qu'entre leurs institutions actives dans le domaine en question, le modèle des microsystèmes «Swiss made» ainsi analysé est apte à être exporté dans le monde – comme c'est d'ailleurs déjà le cas.

Annexes

Annexe 1

a) Questionnaire: Hautes écoles

1. Microsystèmes:

1.1 Comment la recherche dans le domaine des «microsystèmes» s'est-elle développée dans votre institution?

1.2 Quelle a été la contribution de votre institution dans l'émergence des «microsystèmes» en Suisse?

1.3 Comment situez-vous la Suisse sur le plan international dans le domaine de la recherche en «microsystèmes»?

2. Les réseaux de connaissances:

2.1 Quels sont les canaux de relation existant entre votre institution et les autres institutions universitaires actives dans les microsystèmes?

2.2 Quels sont les canaux de relation existant entre votre institution et les entreprises privées de haute technologie?
(transfert de technologie par le biais de licensing, projets de recherche en collaboration, échange de personnel, échange d'information, etc.)

2.3 Quels sont les facteurs favorisant la coopération entre les hautes écoles suisses et l'industrie opérant dans les «microsystèmes»?

2.4 Quels sont les freins à la coopération?

3. CSEM et FSRM:

3.1 Quelle est la relation entre votre institution et le CSEM?

3.2 Quelle est la relation entre votre institution et le FSRM?

4. Programmes nationaux et européens:

4.1 Avez-vous participé à (ou êtes-vous actuellement engagé dans) des programmes nationaux de recherche (par exemple MINAST, TOP NANO 21, etc.)? Des programmes européens?

4.2 Si oui, qu'est-ce que ces programmes vous ont apporté?

4.3 Est-ce que ces programmes vous ont imposé certaines contraintes dans l'exercice de vos activités?
4.4 Le programme prioritaire MINAST a-t-il contribué à l'émergence du paradigme technologique des «microsystèmes»?
4.5 Le programme MINAST a-t-il favorisé le rapprochement entre les hautes écoles suisses et l'industrie opérant dans les «microsystèmes»?

b) Questionnaire: Entreprises

1. Microsystèmes:

1.1 Comment la R&D dans le domaine des «microsystèmes» s'est-elle développée au sein de votre entreprise?

1.2 Quelle a été la contribution de votre entreprise au développement du paradigme technologique des «microsystèmes»?

2. Les réseaux de connaissances:

2.1 Quels sont les canaux de relation existant entre votre entreprise et les autres institutions de recherche, en particulier les universités, actives dans les microsystèmes?
(transfert de technologie par le biais de licensing, projets de recherche en collaboration, échange de personnel, échange d'information, etc.)

2.2 Quels sont les canaux de relation existant entre votre entreprise et d'autres entreprises privées de haute technologie?

2.3 Quels sont les facteurs favorisant la coopération entre les hautes écoles suisses et l'industrie opérant dans les «microsystèmes»?

2.4 Quels sont les freins à la coopération?

2.5 A votre avis, est-ce que la qualité de la formation en microtechnologie correspond bien aux besoins de l'industrie?

3. CSEM et FSRM:

3.1 Quelle est la relation entre votre institution et le CSEM?

3.2 Quelle est la relation entre votre institution et le FSRM?

4. Programmes nationaux et européens:

4.1 Avez-vous participé à (ou êtes-vous actuellement engagé dans) des programmes nationaux de recherche (par exemple MINAST, TOP NANO 21, etc.)? Des programmes européens?

4.2 Si oui, qu'est-ce que ces programmes vous ont apporté?

4.3 Est-ce que ces programmes vous ont imposé certaines contraintes dans l'exercice de vos activités?

4.4 Le programme prioritaire MINAST a-t-il contribué à l'émergence du paradigme technologique des «microsystèmes»?

4.5 Le programme MINAST a-t-il favorisé le rapprochement entre les hautes écoles suisses et l'industrie opérant dans les «microsystèmes»?

c) Questionnaire: Autres institutions

1. Microsystèmes:

1.1 Quels sont les grands événements qui ont marqué l'émergence et le développement des microsystèmes en Suisse?
1.2 Quelle a été la contribution de votre institution?
1.3 Quelles sont les contributions respectives des hautes écoles suisses et des entreprises privées?

2. Les réseaux de connaissances:

2.1 Quels sont les canaux de relation existant entre votre institution et les hautes écoles suisses actives dans les microsystèmes?
2.2 Quels sont les canaux de relation existant entre votre institution et les entreprises privées de haute technologie?
2.3 Quels sont les facteurs favorisant la coopération entre les hautes écoles suisses et l'industrie opérant dans les «microsystèmes»?
2.4 Quels sont les freins à la coopération?

3. Programmes nationaux et européens:

3.1 Avez-vous participé à (ou êtes-vous actuellement engagé dans) des programmes nationaux de recherche (par exemple MINAST, TOP NANO 21, etc.)? Des programmes européens?
3.2 Si oui, quelle était votre charge?
3.3 Est-ce que ces programmes vous ont imposé certaines contraintes dans l'exercice de vos activités?
3.4 A votre avis, le programme prioritaire MINAST a-t-il contribué à l'émergence du paradigme technologique des «microsystèmes»?
3.5 A votre avis, le programme MINAST a-t-il favorisé le rapprochement entre les hautes écoles suisses et l'industrie opérant dans les «microsystèmes»?

Annexe 2

Dépenses intérieures brutes de R&D, comparaison internationale, 2000[1].

En % du PIB

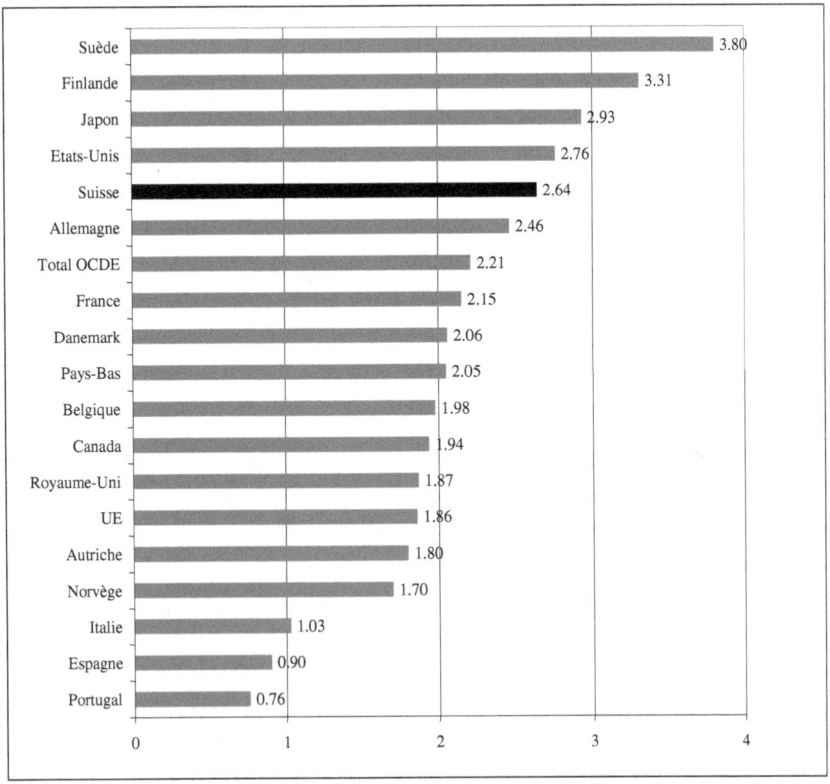

Source: OCDE (2001) / OFS (2002).

1 2000 ou année la plus proche.

Annexe 3

Exécution de la R&D selon le secteur d'activités, comparaison internationale, 2000[2]. En %.

a) Etat

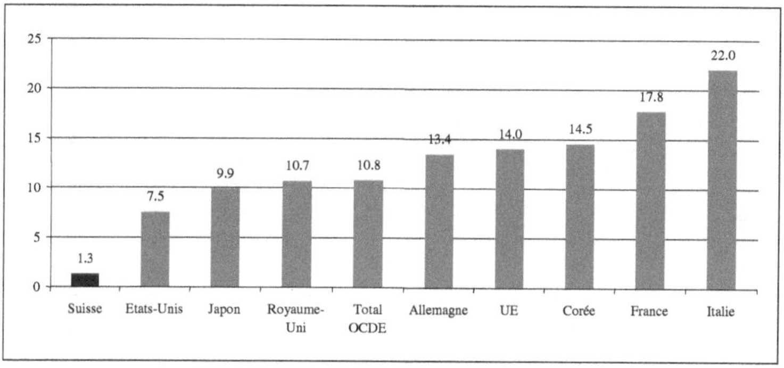

Source: OCDE (2001) / OFS (2002).

b) Entreprises privées

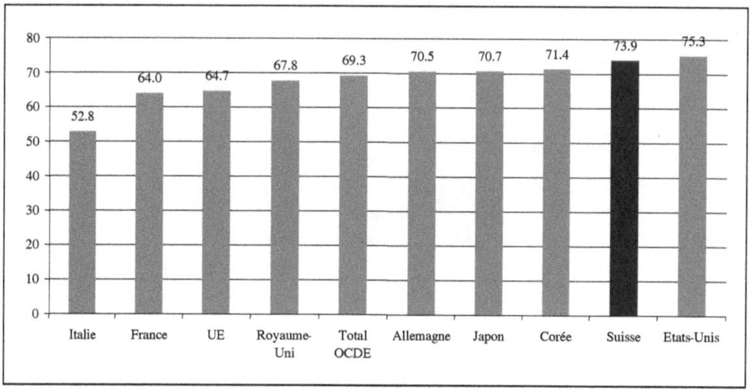

Source: OCDE (2001) / OFS (2002).

2 2000 ou année la plus proche.

Exécution de la R&D selon le secteur d'activités, comparaison internationale, 2000[3]. En %.

c) Enseignement supérieur

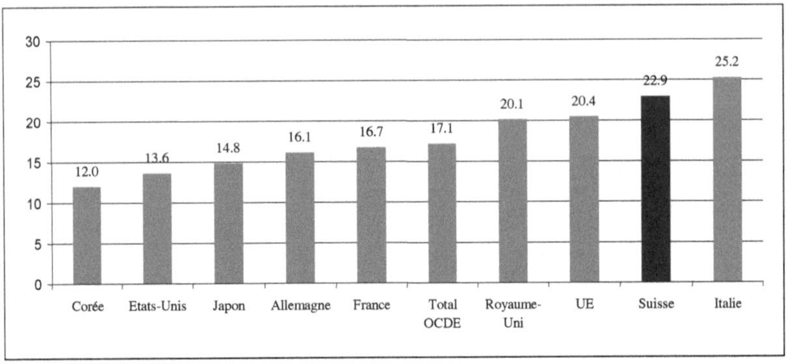

Source: OCDE (2001) / OFS (2002).

d) Institutions privées sans but lucratif

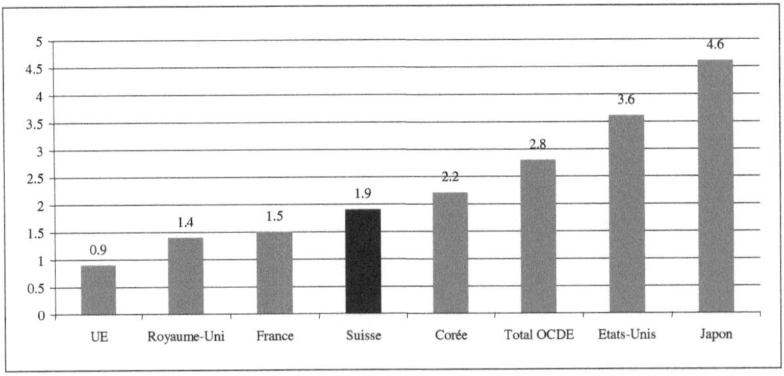

Source: OCDE (2001) / OFS (2002).

3 2000 ou année la plus proche.

Annexe 4

Dépenses intra-muros de R&D en Suisse, total secteurs d'activités, évolution 1992-2000. En millions de francs, chiffres arrondis.

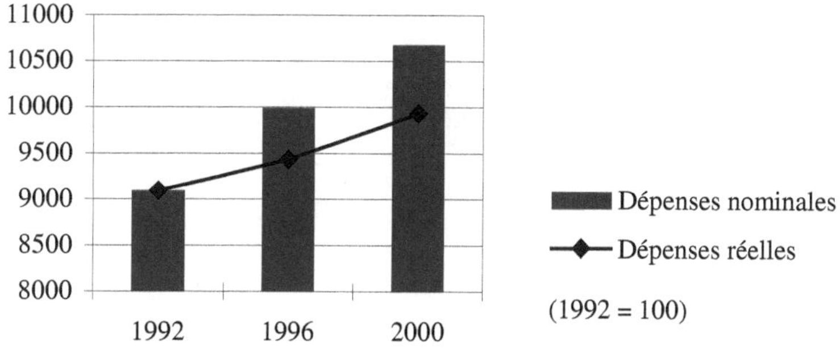

Source: OFS (2002).

Bibliographie

Arrow, K. (1962), «The Economic Implications of Learning by Doing», *Review of Economic Studies*, 29, pp. 155-173.

Baraczyk, H., Cooke, P. et Heidenreich, R. (éds) (1996), *Regional Innovation Systems*, Londres, University of London Press.

Benninghoff, M. et Ramuz, R. (2002), «Transformation de l'action de l'Etat dans le domaine de la recherche: les cas de la Suisse et de la France (1980-2000)», *Les Cahiers de l'Observatoire*, N° 07, Ecublens, Observatoire EPFL Science, Politique et Société.

Bush, V. [1945] (1980), *The Endless Frontier, A Report to the President*, New York, réimprimé par Arno Press.

Carlsson, B. (éd.) (1995), *Technological Systems and Economic Performance: The Case of Factory Automation*, Dordrecht, Kluwer.

CMI (2001), *Liste des principaux projets au Centre EPFL de Microtechnologie*, Lausanne, EPFL.

COGIT AG (2001), *MINAST Industrial Impact Studie*, sur commande du comité directeur des programmes prioritaires du Conseil des EPF, Bâle.

Conseil fédéral (1998), *Message relatif à l'encouragement de la formation, de la recherche et de la technologie pendant les années 2000 à 2003*, Berne.

Conseil fédéral (1999), «Rapport du Conseil fédéral sur les points essentiels de la gestion de l'administration», *Rapport de gestion 1999*, Berne, Chancellerie de la Confédération suisse.

Conseil fédéral (2002), *Message relatif à l'encouragement de la formation, de la recherche et de la technologie pendant les années 2004 à 2007*, Berne.

Cozzens, S. *et al.* (éds) (1990), *The Research System in Transition*, Boston, Kluwer Academic Publishers.

Curtis, S. (1999), «Networks make the most of Microsystems», *Vacuum Solutions*, IOP Publishing Ltd., 31 mars 1999, News Focus.

Dosi *et al.* (1988), *Technical Change and Economic Theory*, Londres, Pinter Publishers.

Edquist, C. (éd.) (1997), *Systems of Innovation*, Londres, Pinter Publishers.

Etzkowitz, H. et Leydesdorff, L. (1995), «The Triple Helix – University-Industry-Government Relations: A Laboratory for Knowledge-Based Economic Development», *EASST Review*, 14(1), pp. 14-19.

Etzkowitz, H. et Leydesdorff, L. (1996), «Emergence of a Triple Helix of University-Industry-Government Relations», *Science and Public Policy*, 23.

Etzkowitz, H. et Leydesdorff, L. (éds) (1997), *Universities in the Global Economy: A Triple Helix of University-Industry-Government Relations*, Londres, Cassell Academic.

Etzkowitz, H. et Leydesdorff, L. (2000), «‹Le Mode 2› et la globalisation des systèmes d'innovation ‹nationaux›: le modèle à triple hélice des relations entre université, industrie et gouvernement», *Sociologie et Société*, 32(1), pp. 135-156.

Freeman, C. (1987), *Technology Policy and Economic Performance: Lessons from Japan*, Londres, Pinter Publishers.

Freeman, C. (1995), «History, Co-evolution and Economic Growth», *IASA Working Paper*, 95-76, Laxenburg, IASA.

FSRM (2002), *Rapport annuel 2001*, Neuchâtel, FSRM.

Gibbons, M. *et al.* (1994), *The New Production of Knowledge: The Dynamics of Science and Research in Contemporary Societies*, Londres, Sage Publications.

Gu, S. (1996), «Toward an Analytic Framework for National Innovation Systems», *Discussion Paper Series*, avril 1996, Maastricht, United Nations University, Institute for New Technologies (INTECH).

Jantsch, E. (1972), *Technological Planning and Social Futures*, Londres, Cassell / Associated Business Programmes.

Lepori, B. (2002), «Le financement public de la R&D en Suisse 1969-1998», *Les Cahiers de l'Observatoire*, N° 5, Ecublens, Observatoire EPFL Science, Politique et Société.

Leydesdorff, L. (1997), «The Non-linear Dynamics of Sociological Reflections», *International Sociology*, 12, pp. 25-45.

Leydesdorff, L. (2000a), «Are EU Networks Anticipatory Systems? An empirical and analytical approach», in D. M. Dubois (éd.), *Comput-*

ing Anticipatory Systems – CASYS'99, Woodbury, NY, American Physics Institute.

Leydesdorff, L. (2000b), «A Triple Helix of University-Industry-Government Relations», *The Journal of Science & Health Policy*, Vol. 1, No. 1.

Leydesdorff, L. (2001), «Knowledge-Based Innovation Systems and the Model of a Triple Helix of University-Industry-Government Relations», communication présentée à la Conférence «New Economic Windows: New Paradigms for the New Millennium», Salerno, Italie, septembre 2001.

Leydesdorff, L. et Oomes, N. (1999), «Is the European Monetary System Converging to Integration?», *Social Science Information*, 38 (1), pp. 57-86.

Lundvall, B.-Å. (1988), «Innovation as an Interactive Process: From User-Producer Interaction to the National System of Innovation», in: G. Dosi, C. Freeman, R. Nelson, G. Silverberg and L. Soete (éds), *Technical Change and Economic Theory*, Londres, Pinter Publishers, pp. 349-369.

Lundvall, B.-Å. (éd.) (1992), *National Systems of Innovation: Towards a Theory of Innovation and Interactive Learning*, Londres, Pinter Publishers.

Lundvall, B.-Å. (1997), «National Systems and National Styles of Innovation», communication présentée à la 4e Conférence Internationale de l'ASEAT (Advances in the Sociological and Economic Analysis of Technology): «Differences in ‹styles› of technological innovation», Manchester, 2-4 septembre 1997.

Maillat, D. *et al.* (1993), *L'industrie microtechnique en Suisse*, Neuchâtel, EDES, Institut de Recherches Economiques et Régionales.

Mc Kelvey, M. (1991), «How Do National Systems of Innovation Differ? A Critical Analysis of Porter, Freeman, Lundvall and Nelson», in: G. Hodgson and E. Screpanti (éds), *Rethinking Economics: Markets, Technology and Economic Evolution*, Londres, Edward Elgar.

Nelson, R. (éd.) (1993), *National Innovation Systems: A Comparative Study*, New York, Oxford University Press.

Nelson, R. (1994), «Economic Growth via the Coevolution of Technology and Institutions», in L. Leydesdorff and P. van den Besselaar (éds), *Evolutionary Economics and Chaos Theory: New Directions in Technology Studies*, Londres, Pinter, pp. 21-32.

OCDE (1997), *National Innovation Systems*, Paris, OCDE.

OCDE (2000), *A New Economy? The Changing Role of Innovation and Information Technology in Growth*, Paris, OCDE.

OCDE (2001), *Principaux indicateurs de la science et de la technologie*, Vol. 2, Paris, OCDE.

OFFT (2001a), *Réseaux de compétences nationaux des Hautes écoles spécialisées, Mission*, Berne, OFFT.

OFFT (2001b), *Soutien financier des réseaux de compétences nationaux des Hautes écoles spécialisées*, Berne, OFFT.

OFFT (2002), *Charte de l'Office fédéral de la formation professionnelle et de la technologie*, Berne, OFFT.

OFS (2002), *Indicateurs «Science et Technologie»*, Neuchâtel, OFS.

Perret, T. *et al.* (2000), *Microtechniques et mutations horlogères*, Hauterive (Suisse), Editions Gilles Attinger.

Pfister, M. (1995), *Microtechniques et Réseaux d'innovation*, thèse présentée à la Faculté de droit et des sciences économiques de l'Université de Neuchâtel, Neuchâtel, Imprimerie de l'Evole SA.

Porter, M. (1990), *The Competitive Advantage of Nations*, Londres, MacMillan.

Rip, A. et Van der Meulen, B. (1996), «The Post-modern Research System», *Science and Public Policy*, 23(6), pp. 343-352.

Romer, P. (1986), «Increasing Returns and Long Run Growth», *Journal of Political Economy*, 94, pp. 1002-37.

Sábato, J. (1975), *El pensamiento latinoamericano en la problemática ciencia-tecnología-desarrollo-dependencia*, Buenos Aires, Paidós.

Sábato, J. et Mackenzie, M. (1982), *La producción de tecnología. Autónoma o transnacional*, Mexico, Nueva Imagen.

Schoenenberger, A. et Zarin-Nejadan, M. (2001), *L'économie suisse*, coll. «Que sais-je?», N° 2875, 3ᵉ éd., Paris, Presses universitaires de France.

Sheshinski, E. (1967), «Tests of the Learning by Doing Hypothesis», *Review of Economics and Statistics*, 49 (4), pp. 568-578.

SWX Swiss Exchange et Swiss Technology Consulting Group AG (2001), *The Swiss network of competency in micro- and nanotechnology*, Zurich.

Thompson Klein, J. *et al.* (éds) (2001), *Transdisciplinarity: Joint Problem Solving among Science, Technology, and Society*, Bâle, Birkhäuser.

Viale, R. and Ghiglione, B. (1998), «The Triple Helix Model: a Tool for the Study of European Regional Socio Economic Systems», *IPTS Report*, Vol. 29.

Ziman, J. (1994), *Prometheus Bound: Science in a Dynamic Steady State*, Cambridge, Cambridge University Press.